Werner Arnold

Lehrbuch des Neuwestaramäischen

Semitica Viva · Series Didactica

Herausgegeben von Otto Jastrow

Band 1

2006
Harrassowitz Verlag · Wiesbaden

Werner Arnold

Lehrbuch des Neuwestaramäischen

Zweite, revidierte und erweiterte Auflage

2006
Harrassowitz Verlag · Wiesbaden

Bibliografische Information Der Deutschen Bibliothek:
Die Deutsche Bibliothek verzeichnet diese Publikation in der Deutschen Nationalbibliografie; detaillierte bibliografische Daten sind im Internet über http://dnb.ddb.de abrufbar.

Bibliographic information published by Die Deutsche Bibliothek:
Die Deutsche Bibliothek lists this publication in the Deutsche Nationalbibliografie; detailed bibliographic data is available in the internet at http://dnb.ddb.de.

Informationen zum Verlagsprogramm finden Sie unter
http://www.harrassowitz-verlag.de

Gedruckt auf alterungsbeständigem Papier.
Druck und Verarbeitung: Memminger MedienCentrum AG
Printed in Germany

ISSN 0935-7556
ISBN 3-447-05313-5 ab 1.1.2007: 978-3-447-05313-6

Vorwort des Herausgebers zur ersten Auflage

Das Neuwestaramäische, gesprochen in den drei Orten Maʿlūla, Baxʿa und Ǧubbʿadīn nördlich von Damaskus, ist das einzige Relikt des Westaramäischen und die archaischste aller lebenden aramäischen Sprachen überhaupt. Deshalb galt dieser Sprachform stets das besondere Interesse nicht nur der Semitistik, sondern auch verwandter Disziplinen wie etwa der alt- und neutestamentlichen Wissenschaft. Für Semitisten und insbesondere Aramaisten ist die Bekanntschaft mit dem Neuwestaramäischen unverzichtbar. Generationen von Adepten dieser Fächer haben sich mühsam durch Bergsträssers Texte hindurchgearbeitet und (zumeist vergeblich) versucht, die vorkommenden Formen in der Spitalerschen Grammatik zu lokalisieren. Der Ertrag langer Stunden mußte jedoch kärglich ausfallen, denn die vorhandene Fachliteratur ist heterogen, lückenhaft, teilweise inkorrekt und auf jeden Fall unter didaktischen Gesichtspunkten so gut wie unbrauchbar. Diesem seit Jahrzehnten empfundenen Mangel soll das vorliegende Lehrbuch abhelfen. Aufgebaut wie ein normales Sprachlehrbuch, mit grammatischen Abschnitten, Übungssätzen und Vokabeln, ermöglicht es insbesondere dem semitistisch (bzw. aramaistisch, hebraistisch oder arabistisch) vorgebildeten Leser einen effektiven und raschen Zugang zum Neuwestaramäischen. Ein ein- bis zweisemestriger Kurs bzw. einige Wochen Selbststudium vermitteln solide grammatische und lexikalische Grundkenntnisse und ermöglichen die Lektüre von publizierten Texten und eine kritische Benutzung der Fachliteratur.

Dieser Band eröffnet die neue Reihe *Semitica Viva – Series Didactica,* die als Ergänzung zu *Semitica Viva* gedacht ist. Sie wird Lehrbücher zu sprachwissenschaftlich wichtigen, aber in der Regel nur noch von kleinen Restpopulationen gesprochenen, semitischen Sprachen und Dialekten der Gegenwart enthalten. Ich hoffe, daß es gelingen wird, nach und nach eine Reihe neuaramäischer, aber auch neuarabischer, neusüdarabischer und neuäthiopischer Sprachformen durch SVSD besser zugänglich zu machen.

Gemeinsames Ziel von SV und SVSD ist es, den mündlich überlieferten Sprachen und Dialekten in der semitistischen Forschung wie in der akademischen Unterrichtspraxis zu größerer Bedeutung zu verhelfen. Semitische Sprachwissenschaft – wie jede Sprachwissenschaft – braucht die wissenschaftliche Herausforderung durch die lebende, gesprochene Sprache; eine Beschränkung auf die historischen, sinnlich nicht mehr erfaßbaren Sprachstufen müßte sie verknöchern lassen. Nur wenn sich synchronische und diachronische Forschung sinnvoll verbinden, kann die Semitische Sprachwissenschaft wieder zu einer lebendigen, faszinierenden Forschungsrichtung werden, der noch große Entdeckungen bevorstehen.

Erlangen, im November 1988 Otto Jastrow

Für Anne,

Melanie und Rahim,

Nasrin und Samira

Inhalt

Vorwort XV

Einleitung 1

- Phonologie 1
  1. Konsonanten 1
  2. Vokale 2
  3. Wortakzent 3
- Stammbildung des Verbums 3
- Besonderheiten im Dialekt von Ǧubbʿadīn 4
  1. Konsonanten 4
  2. Vokale 5
- Besonderheiten im Dialekt von Baxʿa 5
  1. Konsonanten 5
  2. Diphthonge 6

Dialekt von Maʿlūla 7

- Lektion I 7
  1. Selbständiges Personalpronomen Singular 7
  2. Die Präposition *m-/mn-/mnᵊ-* 7
  3. Das Nomen vom Typ KvKKa 7
  4. Verbum 8
  5. Vokabular 10
  6. Übersetzungsübungen 10
- Lektion II 11
  1. Selbständiges Personalpronomen Plural 11
  2. Pronominalsuffixe an Präpositionen 11
  3. Pronominalsuffixe am Nomen 11
  4. Das Nomen *emma* „Mutter“ 12
  5. Partielle Assimilation von *b* an stimmlose Konsonanten 13
  6. Der Subjunktiv 13
  7. Die Flexion der Verben II*y* am Beispiel *ameṯ* „sterben“ 13
  8. Die Flexion des Verbums *ḥyy* „leben“ 14

9. Vokabular 14
10. Übersetzungsübungen 15

Lektion III 16
1. Demonstrativpronomen 16
2. Präpositionen mit *-il* 16
3. Die Relativpartikel *ti* 16
4. Der Elativ 16
5. Die Nomina *ebra* „Sohn“ und *ḥōna* „Bruder“ 17
6. Der II. und IV. Stamm 17
7. Das Verb *ōmar* „sagen“ 18
8. Das Präsens 19
9. Vokabular 20
10. Übersetzungsübungen 20

Lektion IV 21
1. Die Präpositionen *b-*, *l-*, *ʿa* 21
2. Nomen mit der Femininendung *-ṯa* 22
3. Das Perfekt 22
4. Die Verben *ḳʿōle* und *ṯōle* 23
5. Vokabular 25
6. Übungen 25

Lektion V 26
1. Die Präposition *ʿayatt-* „wegen“ 26
2. Die Konjunktion *waḳč-* 26
3. Verben II*w* 26
4. Das Verbum *ayṯ* „bringen“ 26
5. Der Imperativ 27
6. Die Verwendung von Adjektiven als Substantive 27
7. Vokabular 28
8. Übersetzungsübungen 28
9. Lesestück „Der Geizige“ (von Ḥabīb Fransīs) 28

Lektion VI 29
1. Adjektive vom Typ iKKuK 29
2. Verben mit schwachem dritten Radikal 30
3. Antritt von Akkusativ-Objektssuffixen an das Präteritum 30
4. An das Verb angeschlossenes Nomen 32

5. Vokabular ... 33
6. Übersetzungsübungen ... 33

Lektion VII ... 34
1. Irreale Konditionalsätze ... 34
2. Schwache Adjektive ... 34
3. Das Verb *allex* „gehen“ ... 34
4. Der I_7-Stamm ... 35
5. *wōṯ* ... 35
6. Objektssuffixe am Präsens ... 35
7. Vokabular ... 36
8. Übersetzungsübungen ... 37
9. Lesestück „Die krumme Furche“ (von Meḥsin Qamar) ... 37

Lektion VIII ... 38
1. Das Fragepronomen *mannu* ... 38
2. Die Nomen *ešma* „Name“ und *īḏa* „Hand“ ... 38
3. Das Verb *zalle* „gehen“ ... 38
4. Der Subjunktiv mit Akkusativ-Objektssuffixen ... 39
5. Vokabular ... 41
6. Übersetzungsübungen ... 42

Lektion IX ... 43
1. *mett* „etwas“ ... 43
2. Zahlwörter ... 43
3. Adjektive mit verdoppeltem mittleren Radikal und Vokal *u* in der ersten Silbe ... 44
4. Die Präposition *misti* „mitten in“ ... 44
5. Die Verben I*n* *inḥeč* „hinabsteigen“ und *infeḳ* „herauskommen“ ... 44
6. Entlehnungen des arabischen VIII. Stammes ... 44
7. Schwache Bildungen der aus dem Arabischen entlehnten Verbalstämme ... 45
8. Vokabular ... 45
9. Übersetzungsübungen ... 46
10. Lesestück „Die Hyäne“ (von Yḥanne Barkīla) Teil 1 ... 46

Lektion X ... 47
1. Die Konjunktion *lukkil* ... 47
2. Der arabische III. Stamm ... 47

3. Verben mit identischem zweiten und dritten Radikal 47
4. Antritt von indirekten Objektssuffixen 48
5. Vokabular 49
6. Übersetzungsübungen 49
7. Lesestück „Die Hyäne“ (von Yḥanne Barkīla) Teil 2 50

Dialekt von Ǧubbʿadīn 51

Lektion XI 51
1. Phonologie 51
2. Silbenbildung 51
3. Personalpronomen 52
4. Pluralbildungen auf *-ōya* 53
5. Flexion des Subjunktivs 53
6. Das Verb *ōmar* „sagen“ 53
7. Vokabular 54
8. Übersetzungsübungen 55

Lektion XII 56
1. Annexion mit dem Suffix *-il* 56
2. Demonstrativpronomen 56
3. Schwache Verben 56
4. Verben besonderer Bildungsweise 57
5. Der II. Stamm 58
6. Adjektive mit Basisvokal *u* 58
7. Vokabular 58
8. Übersetzungsübungen 60
9. Lesestück „Die Schlange“ (von Mḥammad Ḥusayn ʿĪsa) 60

Dialekt von Baxʿa 61

Lektion XIII 61
1. Phonologie 61
2. Genusunterscheidung 61
3. Flexion des starken Verbums 61
4. Pronominalsuffixe 62
5. Vokabular 63
6. Übersetzungsübungen 63

Lektion XIV 64
1. Objektssuffixe an der 3 sg m 64
2. Der Imperativ 64
3. Verben besonderer Bildungsweise 64
4. Das Pseudoverb *ēli* 65
5. Vokabular 66
6. Übersetzungsübungen 67
7. Lesestück „Die untreue Gattin des Scheichs“ (von Ḥusayn Fiḏḏa) ... 67

Texte aus Maʿlūla
1. Die drei Brüder und die Hexe (von Žuryes Fransīs) 68
2. Aus der Landwirtschaft (von Mṭānyus Fōḏel) 69
3. Als Bäcker im Libanon während des Bürgerkriegs (von Maxōyel Pxīl) .. 71

Wörterverzeichnis 75

Deutscher Index zum Wörterverzeichnis 98

Grammatisches Register 117

Lösungsschlüssel zu den Übungen 120

Weiterführende Literatur zum Neuwestaramäischen 133

Vorwort

Der westliche Zweig der einst weit verbreiteten aramäischen Sprache hat bis zum heutigen Tag nur in drei Dörfern des Qalamūn-Gebirges, etwa 60 km nördlich von Damaskus, überlebt. Bekannt ist nur der überwiegend von Christen bewohnte Ort Maʿlūla, der wegen seiner pittoresken Lage und seiner beiden alten Klöster auch von Touristen häufig besucht wird. Die beiden anderen, ausschließlich von Muslimen bewohnten Dörfer Baxʿa und Ǧubbʿadīn, liegen jeweils etwa 5 km von Maʿlūla entfernt.

Die Bewohner der drei Dörfer sind traditionell Bauern und Hirten. Während früher vor allem Wein, Feigen und Summak angebaut wurden, sind heute Äpfel und Aprikosen die wichtigsten Erzeugnisse der Landwirtschaft. Die Hirten von Maʿlūla und Ǧubbʿadīn haben ihre Herden noch bis vor wenigen Jahren im Winter in die östlich an den Qalamūn anschließende Wüstensteppe getrieben, die Hirten von Baxʿa dagegen nach Norden in die Gegend von Ḥomṣ. Zahl und Umfang der Herden sind heute stark zurückgegangen, und nur die Bewohner von Baxʿa bringen ihre Tiere noch zur alten Winterweide, bedienen sich dazu jedoch des Lastwagens. Die modernen Verkehrsmittel haben zu neuen Erwerbsquellen geführt. Viele Aramäer arbeiten heute in Damaskus, Beirut oder in den Golfstaaten und verbringen nur die Sommermonate im Dorf. Ihren dort erworbenen Reichtum investieren sie in den Bau teilweise recht komfortabler Sommerhäuser.

Ich begann meine Feldforschung in den drei Aramäerdörfern im Herbst 1985. Dieser Zeitpunkt erwies sich als außerordentlich günstig, da die Bauern die Felder bereits abgeerntet hatten und mir einen großen Teil ihrer Zeit für Befragungen zur Verfügung stellen konnten. Mein Ziel war zunächst, Material für eine deskriptive Laut- und Formenlehre des Neuwestaramäischen zu sammeln. Daneben hatte ich begonnen, in den drei Dörfern ein umfangreiches Korpus an Tonbandaufnahmen anzulegen, das am Ende eines fast zweijährigen, ununterbrochenen Aufenthalts in Maʿlūla auf etwa 80 Stunden angewachsen war. Diese Materialien werde ich in den kommenden Jahren im Rahmen eines von der DFG geförderten Projekts bearbeiten und in *Semitica Viva* veröffentlichen.

Nach meiner Rückkehr aus Syrien im Sommer 1987 begann ich eine Laut- und Formenlehre zu schreiben, die ich im Frühjahr 1988 als Doktorarbeit an der Friedrich-Alexander-Universität Erlangen-Nürnberg einreichte. Die Idee für das vorliegende Lehrbuch entstand anläßlich eines Seminars „Einführung ins Neuwestaramäische“, das ich zusammen mit Prof. Dr. Otto Jastrow im Wintersemester 1987 und im Sommersemester 1988 durchführte. Aus meiner eigenen Studentenzeit wußte ich, daß es sehr schwer ist, sich nur mit Hilfe einer Grammatik Texte in einer fremden Sprache zu erschließen. Ich suchte also einige kürzere Texte aus dem von mir gesammelten Material aus und schrieb dazu einige Lektionen, in denen die Grammatik erklärt und mit einigen Übungen vertieft wird.

Nachdem dieser Lehrgang im akademischen Unterricht erprobt und als nützlich befunden wurde, empfahl mir Prof. Jastrow, den Lektionen ein Glossar, einen grammatischen Index und einen Lösungsschlüssel zu den Übungen beizugeben und den Lehrgang als Buch zu veröffentlichen. Damit sollte dem Erlernen dieser zwar kleinen, aber keineswegs unbedeutenden, als „Sprache Christi“ berühmten semitischen Sprache nichts mehr im Wege stehen.

Für das Zustandekommen dieses Lehrbuchs habe ich vielen zu danken. Vor allem danke ich meinem akademischen Lehrmeister, Herrn Professor Dr. Otto Jastrow, für viele Anregungen und Verbesserungen und für sein Engagement, dieses Lehrbuch als Nummer 1 der neugegründeten Series Didactica zu veröffentlichen.

Dem Präsidenten der Universität Aleppo, Herrn Prof. Dr. Houriyye und dem Dekan der Philosophischen Fakultät, Herrn Prof. Dr. Aḥmad Hebbo, danke ich für die Schirmherrschaft, unter der ich meine Forschungen in Syrien durchführen konnte.

Zu besonderem Dank bin ich dem DAAD verpflichtet, der mir ein einjähriges Promotionsstipendium gewährt hat, das auf meinen Antrag hin nochmals um acht Monate verlängert wurde, um mir den Abschluß meiner umfangreichen Feldforschungen zu ermöglichen.

Allen Bewohnern von Maʿlūla, Baxʿa und Ǧubbʿadīn danke ich für die freundliche Aufnahme und die vielen Stunden, die sie meiner wissenschaftlichen Arbeit ohne persönlichen Vorteil geopfert haben. Außerdem danke ich allen Studenten der Universität Erlangen, die durch ihre kritische Teilnahme an der „Einführung in das Neuwestaramäische“ zur Verbesserung und Erprobung des Lehrbuchs beigetragen haben.

Meiner Frau und meinen Kindern habe ich zu danken, daß sie mich für zwei Jahre nach Maʿlūla begleitet haben. Deshalb ist ihnen dieses Buch gewidmet.

Nürnberg, im November 1988 Werner Arnold

Vorwort zur zweiten Auflage

Nachdem die erste Auflage großen Anklang gefunden hat und nun schon seit einiger Zeit vergriffen ist, komme ich dem Wunsch des Verlagsleiters, Herrn Michael Langfeld, nach und lege eine überarbeitete und erweiterte Neuauflage meines Lehrbuchs vor. Die zweite Auflage enthält zwei neue längere Texte aus Maʿlūla ohne deutsche Übersetzung. An einigen Stellen wurden zusätzlich Hinweise zur Grammatik gegeben. Die Anordnung wurde teilweise geändert und einige kleinere Fehler im Text berichtigt.

Den Mitarbeitern des Verlages Otto Harrassowitz danke ich für ihr Engagement, mit dem sie diese Neuauflage ermöglicht haben.

Alle Texte dieses Buches stehen im „Semitischen Tonarchiv (SemArch)" unter www.semarch.uni-hd.de zum Anhören bereit.

Heidelberg, im Oktober 2005 — Werner Arnold

Ansicht von Maʿlūla

Einleitung

Phonologie

1. Konsonanten

Der Dialekt von Maʿlūla hat folgende konsonantische Phoneme:

	Labial	Dental Alveolar	Palato-alveolar	Postpalatal Velar	Postvelar Pharyngal	Glottal
Plosive	*p b*	*t (d) ṭ*		*k (g)*	*ḳ*	*(ʾ)*
Affrikate			*č*			
Frikative	*f*	*s z ṣ ẓ* *ṯ ḏ ḏ̣*	*š ž*	*x ġ*	*ḥ ʿ*	*h*
Nasale	*m*	*n*				
Lateral		*l*				
Vibranten		*r*				
Halbvokale	*w*		*y*			

Die in Klammern angegebenen Konsonanten kommen nur in einigen nicht aramaisierten Lehnwörtern vor und haben keinen Phonemstatus. Das Phonem *k* ist in M nicht behaucht, sondern stark palatalisiert, so daß es sich manchmal wie k^j anhört. Das auf altes *q* zurückgehende *ḳ* ist postvelar und ebenfalls nicht behaucht. Die Phoneme *ž* und *ḏ̣/ẓ* kommen fast nur in arabischen Lehnwörtern vor und vertreten die hocharabischen Phoneme *ǧ* und *ẓ* bzw. *ḍ*.

Geminierte Konsonanten können im Anlaut, Inlaut und Auslaut eines Wortes vorkommen. Vor weiteren Konsonanten werden die Geminaten in der Aussprache gekürzt, wir behalten sie jedoch in der Schreibung aus morphophonemischen Gründen bei. Diese Schreibweise wird jedoch nicht durchgeführt, wenn zwischen Geminaten und nachfolgenden Konsonanten ein Hilfsvokal ᵊ eingeschoben wird:

eččṯa	Ehefrau
iččawōṯa	Ehefrauen
ičᵊṯ	meine Ehefrau

Der Konsonant *b* wird vor stimmlosen Konsonanten zu *p* (Ausnahme: *ḏebša* „Honig“). Durch diese partielle Assimilation fällt das Phonem *b* mit dem Phonem *p* zusammen und wird als *p* geschrieben. Demgegenüber wird die Assimilation von *č* an stimmhafte Konsonanten in der Schreibung nicht ausgedrückt, weil dadurch kein neues Phonem entsteht:

psōna	Knabe
bisinō	Knaben (pl)
čzellax (ǧzellax)	daß du gehst

2. Vokale

Das Vokalsystem in M besteht aus fünf Langvokalen und den entsprechenden fünf Kurzvokalen, sowie aus zwei Diphthongen. Der Hilfsvokal ^{ə} dient nur zum Aufsprengen von Konsonantengruppen.

Langvokale			Kurzvokale		
ī		*ū*	*i*		*u*
ē		*ō*	*e*		*o*
	ā			*a*	

Diphthonge

aw *ay*

Langvokale können nur in der letzten oder vorletzten Silbe eines Wortes vorkommen. Der Langvokal trägt immer den Ton. Zwei Langvokale in einem Wort sind nicht möglich. Gerät der Langvokal aus morphologischen Gründen in den Vorton, wird er gekürzt. Die Langvokale *ē* und *ō* werden bei Kürzung zu *i* und *u*:

xēfa	Stein	*yōma*	Tag
xifō	Steine	*yumō*	Tage

Phonetische Realisierung:

i/ī kurzer/langer, vorderer, hoher, ungerundeter Vokal. Im Kontakt mit hinteren und emphatischen Konsonanten wird *i* leicht gesenkt und zentralisiert: [i ~ ɪ] / [i:]

u/ū kurzer/langer, hinterer, hoher, gerundeter Vokal: [u] / [u:]

e/ē kurzer/langer, vorderer, halbhoher, ungerundeter Vokal: [e] / [e:]

o/ō	kurzer/langer, hinterer, halbhoher, gerundeter Vokal: [o] / [o:]
a/ā	kurzer/langer, vorderer, tiefer, ungerundeter Vokal: [a] / [a:]

Der Hilfsvokal ^{ə}, dessen Klangfarbe zwischen *i* und *e* schwankt, kann zur leichteren Aussprache in Konsonantengruppen eingefügt werden. Von hinten beginnend wird der Hilfsvokal jeweils nach zwei Konsonanten eingefügt, wobei das Wortende als Konsonant zu werten ist. Es ergibt sich folgendes Schema:

Auslaut:	-KəK#		
Inlaut:	-KəKK-	-KKəKK-	-KəKKəKK-
Beispiele:	*ir^{ə}ḏ*	er pflügte	
	loḳ^{ə}mṯa	Bissen	
	sōbl^{ə} blōta	der Bürgermeister des Ortes	
	sōḥ^{ə}ṯl^{ə} blōta	der Dorfplatz	

3. Wortakzent

Der Wortakzent liegt auf der letzten Silbe, wenn diese einen Langvokal enthält oder doppelt geschlossen ist. In allen anderen Fällen liegt der Wortakzent auf der vorletzten Silbe, abgesehen von einigen Lehnwörtern vom Typ KvKvKv und KvKKvKvK, die auf der drittletzten Silbe betont werden.

Stammbildung des Verbums

Die ererbten aramäischen Stämme Pəʿal, Paʿʿel und Afʿel werden im folgenden als I., II. und IV. Stamm bezeichnet. Dazu kommt der aus dem Arabischen entlehnte III. Stamm. Die zu diesen Stämmen gebildeten Reflexivstämme mit *č*-Präfix werden als I_2-, II_2-, III_2- und IV_2-Stamm bezeichnet. Entlehnungen des arabischen VII., VIII. und X. Stammes werden als I_7-, I_8-, und I_{10}-Stamm bezeichnet, um ihre arabische Herkunft deutlich zu machen. Die vierradikaligen Verben haben nur einen I. und einen I_2-Stamm. Das Neuwestaramäische kennt also folgende Stämme:

	č-Präfix	*n*-Präfix	*č*-Infix	*sč*-Präfix
I	I_2	I_7	I_8	I_{10}
II	II_2			
III	III_2			
IV	IV_2			

Entlehnungen des arabischen I., II., IV. und V. Stammes sind mit den ererbten aramäischen Stämmen zusammengefallen, wie die folgende Tabelle zeigt:

Neuwest-aramäisch	Ererbt aus Aramäisch	Entlehnt aus Arabisch
I. Stamm	Pəʿal	I. Stamm
II. Stamm	Paʿʿel	II. Stamm
III. Stamm	–	III. Stamm
IV. Stamm	Afʿel	IV. Stamm
I$_2$-Stamm	Eṯpəʿel	–
II$_2$-Stamm	Eṯpaʿʿal	V. Stamm
III$_2$-Stamm	–	VI. Stamm
IV$_2$-Stamm	Ettafʿal	–
I$_7$-Stamm	–	VII. Stamm
I$_8$-Stamm	–	VIII. Stamm
I$_{10}$-Stamm	–	X. Stamm

Besonderheiten im Dialekt von Ǧubbʿadīn

1. Konsonanten

In Ǧ ist *ḳ* weiter nach vorne verschoben und zu einem unbehauchten velaren *k* geworden. In der Schreibung wird es jedoch nicht von M unterschieden. Die Verschiebung nach vorne hat auch das alte *k* erfaßt, welches in Ǧ so stark palatalisiert wurde, daß es zu *č* geworden und mit dem aus altem *t* entstandenen *č* zusammengefallen ist:

M	Ǧ	
ḏokkṯa	*ḏoččṯa*	Platz, Ort

Geminierte Konsonanten können in Ǧ im Wortauslaut nicht vorkommen. Alle Geminaten im Auslaut werden gekürzt und der vorangehende Vokal wird ersatzweise gelängt:

M	Ǧ	
hačč	*hāč*	du (m)

2. Vokale

In der phonetischen Realisierung unterscheiden sich nur o und ō von der Aussprache in M. Der Lang- und der Kurzvokal werden in Ǧ halbtief [ɔ /ɔ:] realisiert. Langvokale in doppelt geschlossener Silbe werden in Ǧ im Gegensatz zu M gekürzt:

M	*ṭaʿnīčᵊn*	du trugst mich
Ǧ	*ṭaʿničᵊn*	du trugst sie (pl)

Ein auf *m* oder *n* folgendes *ō* wird in Ǧ regelmäßig zu *ū*:

M	Ǧ	
mōya	*mūya*	Wasser
nōxel	*nūxel*	ich esse

Die Langvokale werden in Ǧ von einem Teil der Sprecher mit Brechung nach *a* hin realisiert. Da diese Besonderheit in der Aussprache bei den einzelnen Sprechern unterschiedlich stark hervortritt und von vielen Sprechern auch ganz vermieden wird, wird sie in der Schreibung nicht berücksichtigt.

Besonderheiten im Dialekt von Baxʿa

1. Konsonanten

In B ist *k* weniger stark palatalisiert als in M und *ḳ* viel stärker postvelar als in M. Altes *t*, das in M und Ǧ bis *č* verschoben wurde, hat in B eine altertümlichere Aussprache *ć* [ts] bewahrt. Damit ist B in der Phonologie der altertümlichste der drei Dialekte. Abweichend von M und Ǧ wird *š* in B weiter vorne artikuliert und liegt zwischen dem *š* von M und *s*. In Lehnwörtern wird arabisches *ğ* nicht wie in M und Ǧ in der Aussprache von Damaskus als *ž*, sondern wie in den umliegenden Dörfern als *ğ* ausgesprochen.

Unmittelbar vor stimmhaften Frikativen wird *ć* in B stimmhaft:

ćzellax [dzzellax] daß du gehst

In der Schreibung wird diese teilweise Assimilation nicht ausgedrückt. Außerdem bleibt in der Schreibung der Verlust des plosiven Elements von *ğ* vor und nach *ć* unberücksichtigt:

miğćamʿin [mižćamʿin] sie versammeln sich

2. Diphthonge

Die Diphthonge sind in B im Gegensatz zu M und Ǧ in der Tonsilbe nicht stabil. Der Diphthong bleibt nur erhalten, wenn die Silbengrenze unmittelbar hinter dem Diphthong verläuft. Folgt dem Diphthong vor der Silbengrenze ein Konsonant, tritt Monophthongisierung ein. Die Diphthonge *aw* und *ay* werden zu *ō* und *ē*. Beispiele:

ġappaynaḥ	bei uns	*ōġ*	er trieb
ġappēn	bei ihnen	*awġaṯ*	sie trieb

Dialekt von Maʿlūla

LEKTION I / *awwal tarsa*

1. Selbständiges Personalpronomen Singular

ana	ich
hačč	du (m)
hašš	du (f)
hū	er
hī	sie (sg f)
ana w-hačč	ich und du

2. Die Präposition *m-/mn-/mnᵊ-*

Die Präposition *m-* „von“, „aus“ wird verwendet, wenn das nachfolgende Nomen mit einfachem Konsonanten beginnt:

ana m-Maʿlūla	ich bin aus Maʿlūla

Wenn das nachfolgende Nomen mit einem Vokal beginnt, wird *mn-* verwendet:

hačč mn-Almānya	du bist aus Deutschland

Beginnt das nachfolgende Nomen mit Doppelkonsonanz, wird ein Hilfsvokal eingefügt:

hū mnᵊ-blōta Maʿlūla	er kommt aus dem Dorf Maʿlūla

3. Das Nomen vom Typ KvKKa

Es gibt fünf Nominalbildungen dieses Typs entsprechend den fünf kurzen Vokalen. Die mit *i* und *u* gebildeten Formen sind allerdings sehr selten und bilden keine Plurale:

šimša (f)	Sonne
šiḳya	Garten (bewässert)
tunya (f)	Welt
ruzya	Reis

Bei der Pluralbildung wird die Singularendung *-a* durch die Pluralendung *-ō* ersetzt, wobei die Vokale *e* und *o* zu *i* und *u* umlauten:

Singular	Plural	
tarba	*tarbō*	Weg
ġerma	*ġirmō*	Knochen
xoṯla	*xuṯlō*	Mauer

Nach Zahlwörtern ab 2 steht eine besondere Pluralform (Zählplural), die durch Weglassen der Pluralendung *-ō* entsteht:

	tarba aḥḥaḏ	ein Weg
aber	*iṯᵊr tarᵊb*	zwei Wege
	reġra eḥḏa	ein Fuß
	ṯarᵊč riġᵊr	zwei Füße
	xoṯla aḥḥaḏ	eine Mauer
	iṯᵊr xuṯᵊl	zwei Mauern

4. Verbum

ōṯ	es gibt
ōb	er ist/er war

Da *ōb* nicht eindeutig Gegenwart oder Vergangenheit bezeichnet, kann die Vergangenheit durch *w* im Anlaut festgelegt werden:

wōb	er war	*waybin*	sie waren (m)
wayba	sie war	*wayban*	sie waren (f)
wčōb	du warst (m)	*wčībin*	ihr wart (m)
wčība	du warst (f)	*wčīban*	ihr wart (f)
wnōb	ich war (m)	*wnībin*	wir waren (m)
wnība	ich war (f)	*wnīban*	wir waren (f)

Beispiele:	*hū wōb m-Maʿlūla*	er war aus Maʿlūla
	hī wayba m-Baxʿa	sie war aus Baxʿa
	ōṯ ruzya m-Hint	es gibt Reis aus Indien
	wōb ōṯ aḥḥaḏ m-Ḏemseḳ	es war einmal einer aus Damaskus

Das starke Verbum hat im Präteritum in der 3 m sg und pl sowie in der 3 f pl einen Vorschlagsvokal *i-:*

išḳal	er nahm
	sie nahmen (m und f)

Neben der Form mit Basisvokal *a* gibt es noch die Form mit Basisvokal *e/i:*

išḳal	er nahm	*imreḳ*	er ging vorbei
šaḳlaṯ	sie nahm	*mirḳaṯ*	sie ging vorbei

Die Endungen der Flexion des Präteritums:

sg	3	m	*-Ø*	pl	3	m	*-Ø*
		f	*-aṯ*			f	*-Ø*
	2	m	*-ič*		2	m	*-ičxun*
		f	*-iš*			f	*-ičxen*
	1	c	*-iṯ*		1	c	*-innaḥ*

Das Paradigma des starken Verbums im Präteritum am Beispiel *imreḳ* „vorbeigehen“:

sg	3	m	*imreḳ*	pl	3	m	*imreḳ*
		f	*mirḳaṯ*			f	*imreḳ*
	2	m	*mirḳič*		2	m	*mirḳičxun*
		f	*mirḳiš*			f	*mirḳičxen*
	1	c	*mirḳiṯ*		1	c	*mirḳinnaḥ*

5. Vokabular

hōxa	hier, da	*ġerma*	Knochen
ana	ich	*xot̲la*	Mauer
hačč	du (m)	*aḥḥad̲*	einer, ein
hašš	du (f)	*eḥd̲a*	eine
hū	er	*it̲*^{ə}*r*, f: *t̲arč*	zwei
hī	sie (f sg)	*ōt̲*	es gibt
w-	und	*wōb*	er war
m/mn-/mn^{ə}*-*	von, aus	*wayba*	sie war
blōta (f)	Dorf	*išḳal*	nehmen, kaufen, heiraten
šimša (f)	Sonne	*imreḳ*	vorbeigehen
šiḳya	bewässerte Gärten	*la/lā/laʾ/lāʾ*	nein, nicht
tunya (f)	Welt	*D̲emseḳ*	Damaskus
ruzya	Reis	*Hint*	Indien
tarba	Weg	*Almānya*	Deutschland
reġra (f)	Fuß		

6. Übersetzungsübungen

1. *hōxa ōt̲ ruzya.*
2. *ōt̲ tarba hōxa.*
3. *wōb aḥḥad̲ hōxa mn-Almānya.*
4. *hašš mn-Almānya.*
5. *ōt̲ it̲*^{ə}*r xut̲*^{ə}*l. aḥḥad̲ hōxa w-aḥḥad̲ hōxa.*
6. *wayba hī m-D̲emseḳ.*
7. *hū išḳal ruzya w-hī la šaḳlat̲.*
8. *imreḳ aḥḥad̲ m-Baxʿa.*
9. *hačč mirḳič w-hašš la mirḳiš.*

1. Hier ist Sonne.
2. Ihr seid vorbeigekommen.
3. Wir haben keinen Reis genommen.
4. Sie war aus Baxʿa.
5. Ich bin aus Deutschland.
6. Es gibt hier Reis.
7. Ich bin vorbeigekommen und du bist nicht vorbeigekommen.
8. Es gibt zwei Wege, hier einen und da einen.
9. Er hat eine aus Baxʿa geheiratet.

LEKTION II / *ṯēn tarsa*

1. Selbständiges Personalpronomen Plural

pl 3 m	*hinn(un)*
f	*hinn(en)*
pl 2 m	*hačxun*
f	*hačxen*
pl 1 c	*anaḥ*

2. Pronominalsuffixe an Präpositionen:

sg 3 m	*menn-e*	von ihm
f	*menn-a*	von ihr
sg 2 m	*menn-ax*	von dir (m)
f	*minn-iš*	von dir (f)
sg 1 c	*minn-(i/Ø)*	von mir
pl 3 m	*minnay-hun*	von ihnen (m)
f	*minnay-hen*	von ihnen (f)
pl 2 m	*minnay-xun*	von euch (m)
f	*minnay-xen*	von euch (f)
pl 1 c	*minnay-naḥ*	von uns

In der 1 sg und in der 2 f sg bewirkt der Vokal *i* im Suffix die Umlautung von *e* zu *i* in der ersten Silbe. Die Pluralformen sind um *-ay* erweitert, wodurch *e* in eine vortonige Silbe gerät und zu *i* umlautet. In gleicher Weise wird auch die Präposition „mit“ gebildet:

ʿimmiš	mit dir (f)
ʿemmax	mit dir (m)
ʿimmaynaḥ	mit uns

3. Pronominalsuffixe am Nomen

An das Nomen treten die gleichen Suffixe an wie bei der Präposition *menn-*. Das *h* der 3 pl bleibt jedoch nur nach Diphthongen und Vokalen erhalten:

tarbun	ihr (pl m) Weg
tarbayhun	ihre (pl m) Wege

Die Vokale *e* und *o* lauten zu *i* und *u* um, wenn sie durch den Antritt von Suffixen den Ton verlieren oder ein *i*-haltiges Suffix antritt, auch wenn das *i* wie in der 1 sg geschwunden ist:

riġᵊr	mein Fuß
xuṯliš	deine (f) Mauer
ġirmaynaḥ	unsere Knochen

Bei den suffigierten Pluralformen hat sich das *y* der alten Pluralform erhalten. Bei Antritt der Pluralsuffixe wird der Langvokal gekürzt:

tarbōye	seine Wege
tarbayxun	eure (m) Wege

Pronominalsuffixe am Nomen:

			am Singular	am Plural
3	sg	m	*tarbe*	*tarbōye*
		f	*tarba*	*tarbōya*
	pl	m	*tarbun*	*tarbayhun*
		f	*tarben*	*tarbayhen*
2	sg	m	*tarbax*	*tarbōx*
		f	*tarbiš*	*tarbōš*
	pl	m	*tarpxun*	*tarbayxun*
		f	*tarpxen*	*tarbayxen*
1	sg	c	*tarb(i)*	*tarbōy*
	pl	c	*tarbaḥ*	*tarbaynaḥ*

4. Das Nomen *emma* „Mutter“

Das Nomen *emma* weist zwei Besonderheiten auf:

a) es bildet einen Plural auf *-(a)wōṯa*

immawōṯa	Mütter

b) das Pronominalsuffix 1 sg lautet *-ay*

emmay	meine Mutter

5. Partielle Assimilation von *b* an stimmlose Konsonanten

Gewöhnlich wird *b* vor stimmlosen Konsonanten stimmlos:

psōna	pl *bisinō*	Knabe, Junge
ipxel	pl *bixlin*	geizig, Geiziger

In einigen Wurzeln unterbleibt diese Assimilation:

ḏebša	Honig

6. Der Subjunktiv

Er dient vor allem zur Verneinung des Imperativs und in Verbindung mit dem Hilfsverb *batte* zum Ausdruck des Futurs oder des Wollens:

la čiḏmux	schlaf nicht!
batte yiḏmux	er wird/will schlafen

Die Flexion:

	sg	pl
3 m	*batte yiḏmux*	*battayhun yḏumxun*
f	*batta čiḏmux*	*battayhen yḏumxan*
2 m	*battax čiḏmux*	*battayxun čḏumxun*
f	*battiš čiḏmux*	*battayxen čḏumxan*
1 c	*batt/bann niḏmux*	*battaynaḥ niḏmux*

7. Die Flexion der Verben IIy am Beispiel *ameṯ* „sterben"

	Präteritum	Subjunktiv
sg 3 m	*ameṯ*	*yīmuṯ*
f	*mīṯaṯ*	*čīmuṯ*
2 m	*mīṯič*	*čīmuṯ*
f	*mīṯiš*	*čīmuṯ*
1 c	*mīṯiṯ*	*nīmuṯ*
pl 3 m	*ameṯ*	*ymūṯun*
f	*ameṯ*	*ymūṯan*
2 m	*miṯičxun*	*čmūṯun*
f	*miṯičxen*	*čmūṯan*
1 c	*miṯinnaḥ*	*nīmuṯ*

8. Die Flexion des Verbums *ḥyy* „leben“

	Präteritum	Subjunktiv
sg 3 m	*iḥḥ*	*yiḥḥ*
f	*iḥḥaṯ*	*čiḥḥ*
2 m	*iḥḥič*	*čiḥḥ*
f	*iḥḥiš*	*čiḥḥ*
1 c	*iḥḥiṯ*	*niḥḥ*
pl 3 m	*iḥḥ*	*yiḥḥun*
f	*iḥḥ*	*yiḥḥan*
2 m	*ḥičxun*	*čiḥḥun*
f	*ḥičxen*	*čiḥḥan*
1 c	*ḥinnaḥ*	*niḥḥ*

9. Vokabular

hinn(un), f: *hinn(en)*	sie (3 pl)
hačxun, f: *hačxen*	ihr (2 pl)
anaḥ	wir
ʿemm-	mit
emma, pl *immawōṯa*	Mutter
psōna, pl *bisinō*	Knabe, Junge
ipxel, pl *bixlin*	geizig, Geiziger
ḏebša	Honig
iḏmex, yiḏmux	schlafen
batt-	wollen
ameṯ, yīmuṯ	sterben
iḥḥ, yiḥḥ	leben
l-ōxa	hierher
xann	so
bōṯar	nach, danach
ḥrēna	anderer
ḥrīṯa	andere
xett	auch

10. Übersetzungsübungen

1. *hōxa battayxun čdumxun.*
2. *xett anaḥ battaynaḥ nidmux.*
3. *hinnen battayhen yšuklan debša minnayxun.*
4. *mīṯaṯ emme.*
5. *ōṯ tarba ḥrēna.*
6. *hū batte yidmux ʿemma.*
7. *anaḥ immawōṯa w-hačxun bisinō.*
8. *ameṯ aḥḥaḏ w-aḥḥaḏ batte yiḥḥ.*
9. *ōṯ aḥḥaḏ ipxel minnayhun.*
10. *xann wōb tarbax?*
11. *la čiškul ruzya menna!*

1. Es gibt einen Weg hierher.
2. Ihre (f sg) Mutter ist auch gestorben.
3. Sie haben mit ihnen geschlafen.
4. Wir wollen Honig von euch nehmen.
5. Ihr wollt auch leben.
6. Der Junge ist geizig.
7. Schlaft nicht!
8. Nimm keinen Honig von ihnen!
9. Es gibt auch Reis hier.

LEKTION III / *ṯēleṯ tarsa*

1. Demonstrativpronomen

	sg		pl	
m	*hanna*	dieser	*hann(un)*	diese
f	*hōḏ(i)*	diese	*hann(en)*	diese
m	*hōṯe*	jener	*haṯinnun*	jene
f	*hōṯa*	jene	*haṯinnen*	jene

Das anlautende *h-* entfällt vor allem nach Präpositionen:

mn-anna von diesem

Das *-ḏ* der Femininform wird oft an den nachfolgenden Konsonanten assimiliert:

hōḏ bisnīṯa > *hōb bisnīṯa* dieses Mädchen

2. Präpositionen mit *-il*

Manche Präpositionen werden mit *-il* an das nachfolgende Objekt angeschlossen:

ġappil aḥḥaḏ	bei einem
ʿemmil emmay	mit meiner Mutter

Das *-l* kann an den nachfolgenden Konsonanten assimiliert werden:

ġappit tiḏōx bei deinen Angehörigen

3. Die Relativpartikel *ti*

Sie hat auch die Variante *či*. Beispiele:

hanna, ti ipxel	dieser, der geizig ist
hanna, či wōb ġappax	dieser, der bei dir war

4. Der Elativ

Es werden Elative nach arabischem Vorbild auch von aramäischen Wörtern gebildet:

aṭyab	besser	*awrab*	größer

5. Die Nomina *ebra* „Sohn“ und *ḥōna* „Bruder“

Zu *ebra* wird ein Plural *bnō* gebildet. Das *ō* in *ḥōna* lautet zu *ū* um, wenn Pronominalsuffixe der 1 sg oder 2 sg f antreten, und es wird zu *u* gekürzt, wenn es in den Vorton gerät:

Suffix	sg	pl	sg	pl
sg 3 m	*ḥōne*	*ḥunōye*	*ebre*	*bnōye*
f	*ḥōna*	*ḥunōya*	*ebra*	*bnōya*
2 m	*ḥōnax*	*ḥunōx*	*ebrax*	*bnōx*
f	*ḥūniš*	*ḥunōš*	*ibriš*	*bnōš*
1 c	*ḥūn(i)*	*ḥunōy*	*ibr(i)*	*bnōy*
pl 3 m	*ḥōnun*	*ḥunayhun*	*ebrun*	*bnayhun*
f	*ḥōnen*	*ḥunayhen*	*(ebren)*	*bnayhen*
2 m	*ḥōnxun*	*ḥunayxun*	*ebᵊrxun*	*bnayxun*
f	*ḥōnxen*	*ḥunayxen*	*(ebᵊrxen)*	*bnayxen*
1 c	*ḥōnaḥ*	*ḥunaynaḥ*	*ebraḥ*	*bnaynaḥ*

6. Der II. und IV. Stamm

Beide Stämme kommen mit *a* oder *e* in der zweiten Silbe vor:

II.		IV.	
sallem	er grüßte	*aḵreṭ*	er aß zu Mittag
šattar	er sandte	*aḵtar*	er konnte

Die Suffixe des Präteritums sind wie beim Grundstamm, im Subjunktiv haben die Präfixe den Vokal *a*. Der Vokal der zweiten Silbe entfällt bei Antritt von Flexionssuffixen oder Pluralendungen. Beim IV. Stamm kann ein Hilfsvokal nach dem ersten Radikal eintreten:

aḵᵊrṭinnaḥ wir haben zu Mittag gegessen

Im Subjunktiv wird das *e* der 2. Silbe in der 2 sg f zu *i*:

la čaḥref (m), *la čaḥrif* (f) antworte nicht!

Das Paradigma des IV. Stammes am Beispiel *aḥref* „antworten“:

	Präteritum	Subjunktiv
sg 3 m	*aḥref*	*yaḥref*
f	*aḥᵊrfaṯ*	*čaḥref*
2 m	*aḥᵊrfič*	*čaḥref*
f	*aḥᵊrfiš*	*čaḥrif*
1 c	*aḥᵊrfiṯ*	*naḥref*
pl 3 m	*aḥref*	*yaḥᵊrfun*
f	*aḥref*	*yaḥᵊrfan*
2 m	*aḥᵊrfičxun*	*čaḥᵊrfun*
f	*aḥᵊrfičxen*	*čaḥᵊrfan*
1 c	*aḥᵊrfinnaḥ*	*naḥref*

7. Das Verb *ōmar* „sagen“

	Präteritum	Subjunktiv
sg 3 m	*ōmar (amar)*	*yīmar*
f	*amraṯ*	*čīmar*
2 m	*amrič*	*čīmar*
f	*amriš*	*čīmar*
1 c	*amriṯ*	*nīmar*
pl 3 m	*ōmar (amar)*	*yūmrun*
f	*ōmar (amar)*	*yūmran*
2 m	*amričxun*	*čūmrun*
f	*amričxen*	*čūmran*
1 c	*amrinnaḥ*	*nīmar*

Das Verb *ōmar* kommt meist mit Dativ-Objektssuffixen oder mit Dativobjekt vor, das mit *-l* angeschlossen wird:

amelle	er sagte (zu) ihm
amell lanna psōna	er sagte zu dem Jungen

8. Das Präsens

Das Präsens ist aus dem Partizip aktiv entstanden und hat daher Genusunterscheidung auch in der 1 sg und pl:

	I. Stamm	II. Stamm	IV. Stamm
sg 3 m	*ḏōmex*	*msallem*	*maḥref*
f	*ḏōmxa*	*msallma*	*maḥᵊrfa*
2 m	*čḏōmex*	*čimsallem*	*čmaḥref*
f	*čḏōmxa*	*čimsallma*	*čmaḥᵊrfa*
1 m	*nḏōmex*	*nimsallem*	*nmaḥref*
f	*nḏōmxa*	*nimsallma*	*nmaḥᵊrfa*
pl 3 m	*ḏōmxin*	*msallmin*	*maḥᵊrfin*
f	*ḏōmxan*	*msallman*	*maḥᵊrfan*
2 m	*čḏōmxin*	*čimsallmin*	*čmaḥᵊrfin*
f	*čḏōmxan*	*čimsallman*	*čmaḥᵊrfan*
1 m	*nḏōmxin*	*nimsallmin*	*nmaḥᵊrfin*
f	*nḏōmxan*	*nimsallman*	*nmaḥᵊrfan*

Zum Ausdruck der absoluten Gleichzeitigkeit oder Gegenwart wird *ʿamma* verwendet, das zu *ʿam-* oder *ʿa-* gekürzt werden kann:

ʿamma maynḳa	sie stillt gerade
ʿammaḳreṭ	er ißt gerade zu Mittag
ʿačšōḳel	du nimmst

In Verbindung mit dem Hilfsverb *wōb* „er war" wird die habituelle Vergangenheit ausgedrückt. Gleichzeitigkeit in der Vergangenheit kann mit der Verbindung von *wōb* und *ʿamma* ausgedrückt werden:

wōb ḏōmex	er pflegte zu schlafen
wayba ʿammōrḳa	sie ging gerade vorbei

Das Präsens wird mit *ču (čū)* verneint:

ču maḳᵊtra	sie kann nicht

9. Vokabular

hanna	dieser	*aḳtar, yaḳtar*	können
hōḏ	diese (f sg)	*aynḳaṯ, čayneḳ* (f)	stillen
hann(un)	diese (m pl)	*aḳreṭ, yaḳreṭ*	zu Mittag essen
hann(en)	diese (f pl)	*xallef, yxallef*	gebären, hinterlassen
ʿahta	Vertrag, Abkommen	*ōmar/amar, yīmar*	sagen
ḥuzna	Trauer, Kummer	*tiḏō*	Verwandte (pl)
čawma	Zwillinge	*aṭyab*	besser
slōma	Gruß	*awrax*	länger
xōla	Essen	*ġapp-*	bei
ḥōna, pl *ḥunō*	Bruder	*ti (či)*	(Relativpartikel)
ebra, pl *bnō*	Sohn	*ču (čū)*	nicht (vor Präsens)
bisnīṯa	Mädchen	*čūṯ*	es gibt nicht
sallem, ysallem	grüßen	*bess*	aber, nur
šattar, yšattar	senden, schicken	*billa*	ohne
aḥref (ʿa)	antworten (auf)		

10. Übersetzungsübungen

1. *wōb ōṯ aḥḥaḏ ipxel m-ti bixlin.*
2. *ʿammaḳreṭ ʿemmil ḥōne.*
3. *amelle: „xallef iṯᵊr psūn – čawma“.*
4. *ameṯ aḥḥaḏ ḥrēna.*
5. *ḥōne ču maḳtar yiḥḥ billa hū, batte yīmuṯ.*
6. *xōlaḥ čūṯ aṭyab menne.*
7. *čūṯ tarba awrax mn-anna.*
8. *wayba ġappit tiḏōya.*
9. *aḳᵊrṭinnaḥ ġappil ḥunaynaḥ.*

Übersetzen Sie die Sätze und übertragen Sie sie anschließend ins Präteritum und ins Futur:

1. Er ißt bei uns zu Mittag.
2. Sie gebiert keine Zwillinge.
3. Einer von ihnen stirbt.
4. Wir schicken einen Gruß.
5. Er antwortet aber nicht.

LEKTION IV / *rēbeʿ tarsa*

1. Die Präpositionen *b-, l-* und *ʿa*

Die Präpositionen *b-, l-* und *ʿa* werden unterschiedlich mit dem nachfolgenden Objekt oder mit Pronominalsuffixen verbunden. Vor dem Objekt erhalten sie meist einen Hilfsvokal, wenn das Objekt mit Doppelkonsonanz beginnt. Die Präposition *ʿa* hat die Variante *ʿal*, wenn das nachfolgende Objekt mit Vokal beginnt. Bei Antritt von Pronominalsuffixen wird *ʿa* stets um *-l-* erweitert. Dies gilt mit Ausnahme der 2 sg m und f sowie der 1 pl auch für die Präposition *l-*. Bei *b-* treten dagegen die Suffixe direkt an die Präposition. Beispiele:

p-payṯa	im Haus
ʿa payṯa	nach Hause
l-payṯa	für das Haus
bᵊ-blōta	im Dorf
ʿal ebre	über seinen Sohn

Die Präpositionen mit Pronominalsuffixen:

sg 3 m	*bē*	*lēle*	*aʿle*
f	*bā*	*lēla*	*aʿla*
2 m	*bāx*	*lēx*	*aʿlax*
f	*bīš*	*līš*	*aʿliš*
1 c	*bī*	*līl(i)*	*aʿᵊl/aʿli*
pl 3 m	*bōn*	*lēlun*	*ʿlayhun*
f	*bēn*	*lēlen*	*ʿlayhen*
2 m	*bōnxun*	*lēlxun*	*ʿlayxun*
f	*bēnxen*	*lēlxen*	*ʿlayxen*
1 c	*bāḥ*	*lēḥ*	*ʿlaynaḥ*

Die Präposition *l-* kann mit anderen Präpositionen verbunden werden:

liʿlayxun	zu euch	*l-ġappax*	zu/bei dir

Die Präposition *b-* wird an nachfolgendes *m* assimiliert:

m-Maʿlūla	in Maʿlūla

2. Nomen mit der Femininendung *-ṯa*

Nomen mit Femininendung *-ṯa* bilden im allgemeinen einen Plural auf *-ōṯa*:

loḳᵊmṯa, pl *luḳmōṯa*	Happen, Bissen

Zwei Plurale können von *šaʿṯa* „Stunde“, „Uhr“ gebildet werden:

šaʿō	Stunden	*šaʿōṯa*	Uhren

Das Nomen *eččṯa* „Ehefrau“ bildet den Plural auf *-(a)wōṯa*:

iččawōṯa	Ehefrauen

Der Zählplural femininer Nomen mit Femininendung endet i. a. auf *-an*:

	ṯarč luḳman	zwei Bissen
aber:	*ṯarč ičč*	zwei Ehefrauen
	ṯarč šōʿ	zwei Stunden

3. Das Perfekt

Das Perfekt kann passive Bedeutung ausdrücken, da es historisch aus dem Partizip passiv hervorgegangen ist. In aktiver Bedeutung dient es zum Ausdruck der Vorzeitigkeit, bzw. zur Bezeichnung einer Handlung, die in der Vergangenheit begonnen hat und bis in die Gegenwart hinein andauert:

iḳᵊʿ ʿammaḳreṭ	er hatte sich hingesetzt und aß gerade zu Mittag
ixṯeb aʿle	es wurde darauf geschrieben

Im Deutschen läßt sich das Perfekt häufig mit einem Adjektiv übersetzen:

wayba ṭʿīna	sie war schwanger; sie hat getragen

Das Paradigma des starken Verbums am Beispiel *iṭʿen* „tragen“:

	sg	pl
3 m	*iṭʿen*	*ṭʿīnin*
f	*ṭʿīna*	*ṭʿīnan*
2 m	*čiṭʿen*	*čiṭʿīnin*
f	*čiṭʿīna*	*čiṭʿīnan*
1 m	*niṭʿen*	*niṭʿīnin*
f	*niṭʿīna*	*niṭʿīnan*

Viele intransitive Verben bilden das Perfekt mit verdoppeltem mittleren Radikal:

marreḳ	er ist vorbeigegangen
marrīḳa	sie ist vorbeigegangen

4. Die Verben *ḳʿōle* und *ṯōle*

Die Verben *ḳʿōle* „sitzen" und *ṯōle* „kommen" werden in der Mehrzahl ihrer Formen mit Dativus ethicus gebildet. Im Präteritum ist dies bei der 2 pl m und f nicht der Fall, in der 1 pl ist das *l* an das Suffix *-naḥ* assimiliert. Im Präsens kommen bei *ṯōle* suffigierte und nicht suffigierte Formen nebeneinander vor. Das Verb *ḳʿōle* verfügt auch über ein Perfekt.

Die Flexion des Präteritums:

sg 3 m	*ṯōle*	*ḳʿōle*
f	*ṯalla*	*ḳʿalla*
2 m	*ṯīčlax*	*ḳʿīčlax*
f	*ṯīšliš*	*ḳʿīšliš*
1 c	*ṯill(i)*	*ḳʿill(i)*
pl 3 m	*ṯōlun*	*ḳʿōlun*
f	*ṯōlen*	*ḳʿōlen*
2 m	*ṯičxun*	*ḳʿičxun*
f	*ṯičxen*	*ḳʿičxen*
1 c	*ṯinnaḥ*	*ḳʿinnaḥ*

Flexion des Subjunktivs:

sg 3 m	*yṯēle*	*yiḳʿēle*
f	*čṯēla*	*čiḳʿēla*
2 m	*čṯēx*	*čiḳʿēx*
f	*čṯīš*	*čiḳʿīš*
1 c	*nṯīl*	*niḳʿīl*
pl 3 m	*yiṯyullun*	*yiḳʿullun*
f	*yiṯyallen*	*yiḳʿallen*
2 m	*čiṯyullxun*	*čiḳʿullxun*
f	*čiṯyallxen*	*čiḳʿallxen*
1 c	*nṯēḥ*	*niḳʿēḥ*

Präsensflexion von *ṯōle* „kommen“:

	unsuffigiert	suffigiert
sg 3 m	*ōṯ*	*ṯēle*
f	*ōṯya*	*ṯyōla*
2 m	*čōṯ*	*čṯēx*
f	*čōṯya*	*čiṯyōš*
1 m	*nōṯ*	*nṯīl*
f	*nōṯya*	*niṯyōl*
pl 3 m	*ōṯyin*	*ṯyillun*
f	*ōṯyan*	*ṯyallen*
2 m	*čōṯyin*	*čiṯyillxun*
f	*čōṯyan*	*čiṯyallxen*
1 m	*nōṯyin*	*niṯyillaḥ*
f	*nōṯyan*	*niṯyallaḥ*

Präsens- und Perfektflexion von *ḳʿōle* „sitzen“:

	Präsens	Perfekt
sg 3 m	*ḳaʿēle*	*iḳᵊʿ*
f	*ḳaʿyōla*	*ḳaʿya*
2 m	*čḳaʿēx*	*čiḳᵊʿ*
f	*čḳaʿyōš*	*čḳaʿya*
1 m	*nḳaʿīl*	*niḳᵊʿ*
f	*nḳaʿyōl*	*nḳaʿya*
pl 3 m	*ḳaʿyillun*	*ḳaʿyin*
f	*ḳaʿyallen*	*ḳaʿyan*
2 m	*čḳaʿyillxun*	*čḳaʿyin*
f	*čḳaʿyallxen*	*čḳaʿyan*
1 m	*nḳaʿyillaḥ*	*nḳaʿyin*
f	*nḳaʿyallaḥ*	*nḳaʿyan*

5. Vokabular

melḥa	Salz
zaʿla	Zorn, Ärger, Kummer
loḳ^{ə}mt̠a	Happen, Bissen
šaʿt̠a, pl *šaʿō*	Stunde
šaʿt̠a, pl *šaʿōt̠a*	Uhr
eččt̠a, pl *iččawōt̠a*	Ehefrau, Gattin
payt̠a, pl *payt̠yōt̠a*	Haus
ixt̠ab, yixt̠ub	schreiben
iṭʿan, yiṭʿun	tragen, schwanger sein
t̠ōle, yt̠ēle	kommen
ḳʿōle, yiḳʿēle	sitzen, sich setzen
l-	für
b-/p-	in
ʿa/ʿal	auf, über, nach (Richtung)
bōt̠ar min/mil	nachdem
ṭabʿan	natürlich
ē	ja

6. Übungen

Übersetzen Sie folgende Sätze und übertragen Sie sie in das Präsens und ins Futur:

1. *ḥōnax t̠ōle ʿimmayhun.*
2. *hī ḳʿalla ġappil eččt̠e.*
3. *ḳʿōlun t̠arč šōʿ p-payt̠a.*
4. *t̠ičxun bess lā ḳʿičxun.*
5. *t̠innaḥ mn-Almānya w-ḳʿinnaḥ šaʿt̠a.*
6. *iččawōt̠un ḳʿōlen p-payt̠iš.*

Übersetzen Sie bitte ins Deutsche:

1. *wōt̠ aḥḥad̠ id̠mex p-payt̠e.*
2. *imreḳ aʿle aḥḥad̠.*
3. *t̠ōle aḥḥad̠, sallem aʿle w-hanna aḥref ʿa slōme.*
4. *amelle: „eččt̠ax wayba ṭʿīna“.*
5. *xann wōb ʿah^{ə}t ʿemma.*
6. *ču maḳtra čayneḳ it̠^{ə}r.*
7. *bōt̠ar šaʿt̠a amet̠ ḥrēna.*
8. *amet̠ m-zaʿle ʿa ḥōne.*

LEKTION V / *xēmes tarsa*

1. Die Präposition *ʿayatt-* „wegen“

Sie hat die gleichen Pronominalsuffixe wie *ʿemm-* und ist ebenfalls mit dem Suffix *-il* vor dem Objekt versehen:

ʿayattax	deinetwegen
ʿayattil ḥarba	wegen des Krieges
ʿayattil xann	deswegen

2. Die Konjunktion *waḳč-*

Diese Konjunktion wird zum Ausdruck von „als“, „zur Zeit als“ verwendet und ist wie *ʿayatt-* immer mit dem Suffix *-il* versehen:

waḳčiṯ ṯill	als ich kam
waḳčil aḥref	als er antwortete

3. Verben II*w*

Die Verben II*w* sind in Subjunktiv und Präsens mit den Verben II*y* (*ameṯ*) zusammengefallen. Lediglich im Präteritum haben sie den Langvokal *ō* statt *ī*, der vor- und nachtonig zu *a* gekürzt wird:

aḳam	er stand auf
ḏōḳiṯ	ich habe gekostet
ḳaminnaḥ	wir standen auf
ḏaḳičxun	ihr habt gekostet

4. Das Verbum *ayṯ* „bringen“

Dieses Verbum ist historisch der IV. Stamm zum Verbum *ṯōle*. Da der erste Radikal *y* stets erhalten bleibt, unterscheidet es sich in der Flexion mit Ausnahme des Perfekts nicht von den anderen Verben III*y*. Der dritte Radikal *y* tritt nur in den Feminin- und Pluralformen des Präsens an:

Präteritum:	*ayṯ(i)*	er brachte
	ayṯiṯ	ich brachte
Subjunktiv:	*yayṯ*	daß er bringt
	yayṯun	daß sie bringen

Präsens: *may<u>t</u>*   er bringt
                  may<u>t</u>ya   sie bringt
                  may<u>t</u>yin   sie bringen

5. Der Imperativ

Der Imperativ wird meistens mit einem langen Vokal in der letzten Silbe gebildet:

Grundstamm: sg m *<u>d</u>mōx*   pl m *<u>d</u>umxōn*
              f   *<u>d</u>mūx*   f   *<u>d</u>umxēn*

II. Stamm: sg m *sallēm*   pl m *sallmōn*
              f   *sallīm*   f   *sallmēn*

IV. Stamm: sg m *aḥrēf*   pl m *aḥᵊrfōn*
              f   *aḥrīf*   f   *aḥᵊrfēn*

ḳʿōle/<u>t</u>ōle: sg m *ḳʿāx/<u>t</u>āx*   pl m *ḳʿalxōn/<u>t</u>alxōn*
                      f   *ḳʿāš/<u>t</u>āš*   f   *ḳʿalxēn/<u>t</u>alxēn*

Werden zwei Imperative hintereinander verwendet, so hat der zweite Imperativ meist eine Form ohne langen Vokal:

ḳʿāx aḳreṭ   setz dich (und) iß zu Mittag
mrōḳ i<u>d</u>mux ġappaynaḥ   komm vorbei (und) schlaf bei uns
<u>t</u>āš išḳul   komm (und) nimm ! (f)

6. Die Verwendung von Nisbe-Adjektiven als Substantive

Die Nisbe-Adjektive haben eine determinierte und eine indeterminierte Form:

            ʿurrōbay   beduinisch, ein Beduine
            ʿurrabō   der beduinische, der Beduine

Bei der Verwendung als Substantiv bleibt diese Funktion erhalten:

            aḥḥa<u>d</u> ʿurrōbay   ein Beduine
            hanna ʿurrabō   dieser Beduine

7. Vokabular

ḥarba (mask.)	Krieg
aḳam, yīḳum	aufstehen
adaḳ, yīduḳ	kosten, versuchen
ayṯ, yayṯ	bringen, zur Welt bringen
ʿayatt-	wegen
ʿayattil xann	deswegen
waḳčil	als
ʿurrōbay/ʿurrabō	beduinisch
liʾann(u)	weil, denn
wala	und nicht, und kein

8. Übersetzungsübungen

1. Ich will von diesem Essen kosten.
2. Er sagte zu ihm: „Setz dich und iß mit mir zu Mittag!"
3. Als ich nach Hause kam, starb mein Sohn.
4. Nach einer Stunde kam ein Beduine zu ihm.
5. Ich kann in diesem Haus nicht schlafen.
6. Nachdem seine Frau gestorben war, heiratete er eine andere.

9. Lesestück

Der Geizige (von Ḥabīb Fransīs)

1. wōb ōṯ aḥḥad ipxel m-ti bixlin. 2. iḳᵊʿ ʿammaḳreṭ. 3. imreḳ aʿle aḥḥad ʿurrōbay. 4. sallem aʿle, aḥref ʿa slōme. 5. la amelle ḳʿāx aḳreṭ ʿimm. 6. ʿurrabō amell lanna ti ipxel: „waḳčiṯ ṯill lōxa, mirḳiṯ l-ġappit tidōx". 7. amelle: „xann wōb tarbax". 8. amelle: „eččṯax wayba ṭʿīna". 9. amelle ti ipxel: „xann wōb ʿahᵊt ʿemma". 10. amelle ʿurrabō: „xallfaṯ w-ayṯaṯ iṯᵊr psūn – čawma". 11. amelle: „xann wayba emma". 12. amelle: „bess ameṯ aḥḥad minnayhun". 13. amelle: „liʾannu ču maḳtra čayneḳ iṯᵊr, ameṯ aḥḥad". 14. amelle: „bess bōṯar šaʿṯa ameṯ ḥrēna". 15. amelle ti ipxel: „m-zaʿle ʿa ḥōne ču maḳtar yiḥḥ billa hū, batte yīmuṯ". 16. amelle ʿurrabō: „lakin bōṯar mil ameṯ bnōx, mīṯaṯ emmun xett". 17. amelle: „ē, ṭabʿan, m-ḥuzna ʿa bnōya batta čīmuṯ". 18. amelle ʿurrabō: „xōlax čūṯ aṭyab menne". 19. „w-ʿayattil xann ču čdōyeḳ menne wala loḳᵊmṯa".

LEKTION VI / *sēdes tarsa*

1. Adjektive vom Typ iKKuK

Die maskuline Form dieser Adjektive hat einen Vorschlagsvokal *i* und einen Basisvokal *u*. Bei Antritt von Feminin- und Pluralendungen schwindet der Vorschlagsvokal und der Basisvokal erhält den Ton. Bei Antritt der Femininendung sg oder pl erscheint der Basisvokal als Langvokal *ō*, der bei Antritt der maskulinen Pluralendung zu *ū* umgelautet wird. Die Femininendung *-a* des Singulars ist in M geschwunden und lautet jetzt -Ø, bewirkt aber noch die Längung und Umlautung des Basisvokals, wie das folgende Beispiel *izʿur* „klein“ zeigt:

sg m	*izʿur*	pl m	*zʿūrin*
f	*zʿōr*	f	*zʿōran*

Die Adjektive können wie die Präsens- und Perfektformen des Verbums mit Pronominalpräfixen versehen werden:

ana nizʿur	ich bin klein
hašš čizʿōr	du (f) bist klein
anaḥ nizʿūrin	wir sind klein

Neben der indeterminierten Form existiert eine determinierte Form:

ġabrōna izʿur	ein kleiner Mann
ġabrōna zʿōra	der kleine Mann

Wie das Beispiel zeigt, determinieren die determinierten Formen des Adjektivs das vorausgehende Nomen. Die einzelnen Formen lauten:

sg m	*zʿōra*	pl m	*zuʿrō*
f	*zʿōrča*	f	*zuʿrōṯa*

Wie im Deutschen können die Adjektive auch substantivisch gebraucht werden:

aḥḥaḏ izʿur	ein Kleiner
hanna zʿōra	dieser Kleine

2. Verben mit schwachem dritten Radikal

Es kommen nur Verben mit *y* als schwachem dritten Radikal vor. Das *y* erscheint nur in den Präsens- und Perfektformen, wenn Feminin- oder Pluralendungen antreten, und im Imperativ in der femininen Singularform. Im Präteritum haben alle Singularformen und die mit der 3 sg m identische 3 pl c einen Vorschlagsvokal *i*. Doppelkonsonanz im Auslaut kann durch Anfügung eines *i* vermieden werden (-KəK = -KKi). Die Flexion am Beispiel *irᵊḏ/irḏi* „pflügen“:

	Präteritum	Subjunktiv
sg 3 m	*irᵊḏ/irḏi*	*yirᵊḏ/yirḏi*
f	*irḏaṯ*	*čirᵊḏ/čirḏi*
2 m	*irḏič*	*čirᵊḏ/čirḏi*
f	*irḏiš*	*čirᵊḏ/čirḏi*
1 c	*irḏiṯ*	*nirᵊḏ/nirḏi*
pl 3 m	*irᵊḏ/irḏi*	*yirḏun*
f	*irᵊḏ/irḏi*	*yirḏan*
2 m	*rḏičxun*	*čirḏun*
f	*rḏičxen*	*čirḏan*
1 c	*rḏinnaḥ*	*nirᵊḏ/nirḏi*

Imperativ und 3. Person im Präsens und Perfekt:

	Imperativ	Präsens	Perfekt
sg m	*rḏā*	*rōḏ*	*raḏḏ(i)*
f	*rḏāy*	*rōḏya*	*raḏḏīya*
pl m	*rḏōn*	*rōḏyin*	*raḏḏīyin*
f	*rḏēn*	*rōḏyan*	*raḏḏīyan*

3. Antritt von Akkusativ-Objektssuffixen an das Präteritum

Die Akkusativ-Objektssuffixe können nicht an die unveränderte Basis antreten, sondern benötigen eine erweiterte Flexionsbasis. Bei starken Verben mit Basisvokal *i* und bei den Verben mit schwachem dritten Radikal wird in der 3 sg m die Basis um *-n-* erweitert, bevor Objektssuffixe antreten, während bei Verben mit Basisvokal *a* die Objektssuffixe direkt an die Basis treten:

ṭaʿn-e	er trug ihn
šimᵊʿ-ne	er hörte ihn
miḥ-ne	er schlug ihn

Im übrigen gelten für den Antritt der Objektssuffixe folgende Regeln:

a) Endet die Basis mit modifizierter Flexionsendung auf -KK, wird das Akkusativ-Objektssuffix unmittelbar angefügt.

b) Endet die Basis mit modifizierter Flexionsendung auf -vK, wird der auslautende Konsonant verdoppelt, wenn das Akkusativ-Objektssuffix mit Vokal beginnt.

c) Endet die Basis mit modifizierter Flexionsendung auf - v̄K, wird das Akkusativ-Objektssuffix mittels eines Bindesmorphems *-n-* angefügt.

Es ergibt sich also folgendes Schema (mit Objektssuffix 3 sg m):

-KK-*e*	-vK-K*e*	-v̄K-*ne*

Eine Zusammenstellung aller möglichen Formen gibt die nachfolgende Tabelle:

Verbum mit erweiterter Flexionsbasis:

sg 3 m	*šaḳl-*	pl 3 m	*šaḳlun-*
f	*šaḳlač-*	f	*šaḳlan-*
2 m	*šaḳlīč-*	2 m	*šaḳᵊlčun-*
f	*šaḳlīš-*	f	*šaḳᵊlčan-*
1 c	*šaḳlič-*	1 c	*šaḳᵊllaḥl-*

An diese erweiterte Flexionsbasis treten folgende Objektssuffixe:

Verbform			Objektssuffixe (Singular):				
			3 m	3 f	2 m	2 f	1 c
3	sg	m	*-e*	*-a*	*-ax*	*-iš*	*-Ø/-i*
		f	*-če*	*-ča*	*-čax*	*-čiš*	*-č(i)*
2	sg	m	*-ne*	*-na*			*-ᵊn/ni*
		f	*-nu*	*-na*			*-ᵊn/ni*
1	sg	c	*-če*	*-ča*	*-čax*	*-čiš*	
3	pl	m	*-ne*	*-na*	*-nax*	*-niš*	*-n(i)*
		f	*-ne*	*-na*	*-nax*	*-niš*	*-n(i)*
2	pl	m	*-ne*	*-na*			*-n(i)*
		f	*-ne*	*-na*			*-n(i)*
1	pl	c	*-e*	*-a*	*-ax*	*-iš*	

Verbform			Objektssuffixe (Plural):				
			3 m	3 f	2 m	2 f	1 c
3	sg	m	*-annun*	*-annen*	*-anxun*	*-anxen*	*-annaḥ*
		f	*-čun*	*-čen*	*-xun*	*-xen*	*-čaḥ*
2	sg	m	*-nun*	*-nen*			*-naḥ*
		f	*-nun*	*-nen*			*-naḥ*
1	sg	c	*-čun*	*-čen*	*-xun*	*-xen*	
3	pl	m	*-nun*	*-nen*	*-xun*	*-xen*	*-naḥ*
		f	*-nun*	*-nen*	*-xun*	*-xen*	*-naḥ*
2	pl	m	*-nun*	*-nen*			*-naḥ*
		f	*-nun*	*-nen*			*-naḥ*
1	pl	c	*-un*	*-en*	*-xun*	*-xen*	

4. An das Verb angeschlossenes Nomen

Statt eines Objektssuffixes kann an die modifizierte Basis des Verbums *-il* antreten, wodurch das nachfolgende Objekt determiniert wird:

iṭʿan massōsa	er trug einen Ochsenstachel
ṭaʿnil massōsa	er trug den Ochsenstachel
naxsiṯ ʿakkūša	ich schlachtete ein Jungrind
naxsiččil ʿakkūša	ich schlachtete das Jungrind

Bei Verben mit *n* oder *l* als letztem Radikal wird oft der Vokal *i* des Suffixes *-il* elidiert, das *n* an das nachfolgende *l* assimiliert und nach Konsonant einfach zu *-l* gekürzt:

šaḵlil massōsa = šaḵl massōsa	er nahm den Ochsenstachel
ṭaʿnil massōsa = ṭaʿl massōsa	er trug den Ochsenstachel

Die Determination kann durch Einfügung des Demonstrativpronomens noch verstärkt werden. Das anlautende *h* des Demonstrativpronomens wird dabei zu *l*:

ṭaʿnil lanna massōsa
= ṭaʿl lanna massōsa er trug diesen Ochsenstachel

5. Vokabular

izʿur	klein, jung	*orḥa*	Mal, einmal
iʿwuž	krumm	*irᵊḏ, yirᵊḏ* (IIIy)	pflügen
massōsa, pl *massusō*	Ochsenstachel	*imᵊḥ, yimᵊḥ* (IIIy)	schlagen
ʿakkūša, pl *ʿakkušō*	junges Rind	*inxas, yinxus*	schlachten
ġabrōna, pl *ġabᵊrnō*	Mann	*išmeʿ, yišmaʿ*	hören
ġuppaʿḏnay	Bewohner Ǧubbʿadīns	*aʿzem, yaʿzem*	einladen

6. Übersetzungsübungen

1. *ōṯ aḥḥaḏ ġuppaʿḏnay ʿamrōḏ ʿal iṯᵊr ʿakkūš.*
2. *hanna massōsa iʿwuž.*
3. *ṯōle w-ayṯ iṯᵊr ʿakkūš w-naxᵊslᵊ zʿōra minnayhun.*
4. *zʿōra la šimᵊʿne.*
5. *aḥḥaḏ ġuppaʿḏnay ʿamrōḏ p-šiḳya.*
6. *tarbō p-šiḳya ʿwūžin.*
7. *hačč mirḳič orḥa w-ana mḥiččax.*
8. *waḳčil ayṯ ḏebša la šaḳlaṯ.*
9. *bōṯar mil ameṯ b-Ḏemseḳ šaḳlunne ʿa blōta.*
10. *ayṯull ḥōne w-šattrunne ʿa Ḏemseḳ.*
11. *waḳčil ḏimxinnaḥ ṯōlun m-Baxʿa ʿa payṯaḥ w-aʿzmunnaḥ.*
12. *ṭaʿnaččil massōsa wᵊ-mḥačče.*

1. Er war jung, als er starb.
2. Sie trug ihn nach Hause.
3. Wir luden sie ein, aber sie kamen nicht.
4. Als wir bei ihnen vorbeikamen, schlachteten sie das Rind, und wir aßen mit ihnen zu Mittag.
5. Als er im Garten pflügte, kam der Kleine zu ihm.
6. Sie brachten zwei junge Rinder und schlachteten sie.
7. Sie ging an mir vorbei und ich lud sie ein, aber sie kam nicht.
8. Dieses Rind ist klein, er kann damit nicht pflügen.
9. Als ihre Mutter gestorben war, brachten sie die Kleinen zu ihrem Bruder.
10. Er schlug den Kleinen, und dieser holte seinen Bruder.
11. Wir schickten dir einen Gruß, aber du antwortetest nicht.
12. Er lud mich ein, als ich bei ihm vorbeikam.
13. Wir kamen nach einer Stunde, weil sie uns einluden.

LEKTION VII / *sēbeʿ tarsa*

1. Irreale Konditionalsätze

Irreale Konditionalsätze werden mit der Partikel *yīb* eingeleitet. Das nachfolgende Verb kann im Subjunktiv oder im Perfekt stehen. Mit nachfolgendem Adjektiv bedeutet *yīb* „sollte … sein".

Ohne Verb:	*yīb awrab m-xann*	es sollte größer sein
Perfekt:	*yīb iḏmex*	wenn er geschlafen hätte
Subjunktiv:	*yīb čiḏmux hōš*	wenn du jetzt schlafen würdest

2. Schwache Adjektive

Adjektive mit *y* als drittem Radikal werden in der maskulinen Singularform schwach gebildet. Adjektive mit identischem zweiten und dritten Radikal haben einen anderen Vokalismus, behalten jedoch immer die beiden gleichen Konsonanten. Die Formen an den Beispielen *iʿᵊl* „hoch" und *rabb* „groß":

	Indeterminiert	Determiniert
sg m	*iʿᵊl*	*ʿillō*
f	*ʿalya*	*ʿillōyṯa*
pl m	*ʿalyin*	*ʿillayō*
f	*ʿalyan*	*ʿillayōṯa*
sg m	*rabb*	*rappa*
f	*rappa*	*rappṯa*
pl m	*rappin*	*rappō*
f	*rappan*	*rappōṯa*

3. Das Verb *allex* „gehen"

Das Verb *allex* hat seinen alten ersten Radikal *h* verloren und erscheint heute im NWA als Verb Iʾ. Da das ʾ nur im absoluten Anlaut erscheint, wird *allex* wie der IV. Stamm der starken Verben flektiert:

allex	er ging	*yallex*	daß er geht
mallex	er geht	*allex*	er ist gegangen
allēx	geh !		

4. Der I_7-Stamm

Der I_7-Stamm ist aus dem Arabischen übernommen worden. Sein Kennzeichen ist das *n*-Präfix. Er bildet Passiva zum Grundstamm sowohl arabischer als auch aramäischer Wurzeln. Die suffixlosen Formen haben eine Basis -*n*KKvK, die Formen mit Suffixen eine Basis -*n*KvKK-:

Präteritum:	*inᵊfṯaḥ*	er wurde geöffnet
	nfaṯḥaṯ	sie wurde geöffnet
Subjunktiv:	*yinᵊfṯaḥ*	daß er geöffnet wird
	yinfaṯḥun	daß sie geöffnet werden
Präsens:	*minᵊfṯaḥ*	er wird geöffnet
	minfaṯḥa	sie wird geöffnet

5. *wōṯ*

Mit einem Präfix *w*- kann *ōṯ* „es gibt" in die Vergangenheit gesetzt werden:

wōṯ payṯa hōxa — es gab ein Haus hier.

6. Objektssuffixe am Präsens

Dativ- und Akkusativ-Objektssuffixe am Präsens sind formal identisch und lassen sich nur durch den Kontext unterscheiden.

xaṯeble = er schreibt ihn, bzw. er schreibt ihm

Für den Antritt der Objektssuffixe gelten folgende Regeln:

a) der Langvokal *ō* gerät in den Vorton und wird zu *a* gekürzt:

xōṯeb	er schreibt
xaṯeble	er schreibt ihn/ihm

b) bei den femininen Singularformen erhält die Femininendung -*a* den Ton und wird zu *ō*:

xōṯpa	sie schreibt
xaṯpōle	sie schreibt ihn/ihm

c) das *n* der Pluralendung wird an das *l* der Suffixe assimiliert:

xōṯpin	sie schreiben
xaṯpille	sie schreiben ihn/ihm

An die mit Vokal auslautenden femininen Singularformen treten teilweise andere Objektssuffixe als an die übrigen Formen:

	an sg f	an übrige Formen
sg 3 m	*-le* (an 2 sg *-lu*)	*-le*
f	*-la*	*-la*
2 m	*-x*	*-lax*
f	*-š*	*-liš*
1 c	*-l(i)*	*-l(i)*
pl 3 m	*-lun*	*-lun*
f	*-len*	*-len*
2 m	*-lxun*	*-lxun*
f	*-lxen*	*-lxen*
1 c	*-ḥ*	*-laḥ*

Bei den Verben III*y* wird die Lautfolge *ey* zu *ē* monophthongisiert:

**maḥey-le > maḥēle*	er schlägt ihn

7. Vokabular

ʿaya	warum
yīb	(Konditionalpartikel)
čūb	es ist nicht (darin)
wōṯ	es gab
iʿᵊl	hoch
rabb	groß
ṯawra	Stier
rfīḳa	Freund
ṯelma	Furche
ifṯaḥ, yifṯuḥ	öffnen
allex, yallex	gehen
ičbar, yičbur	brechen, zerbrechen (tr.)
ičbar ʿa	(zur Seite) drängen
inʿwaž, yinʿwaž	krumm werden
inžbar, yinžbar	müssen, Pflicht sein
ʿa žōles	richtig, gerade

8. Übersetzungsübungen

1. *hanna psōna rabb.*
2. *ṯōle psōna rappa.*
3. *minᵊžbar yṯēle m-Ḏemseḳ.*
4. *yīb iḏmex wōb la ṯōle.*
5. *mayṯēla ruzya w-hī šaḳlōle ʿa payṯa.*
6. *mšattrillax ʿa Ḏemseḳ.*
7. *ču maḥᵊrfa aʿle.*
8. *ču maḳᵊtra čallex, ʿayattil xann ṭaʿnilla ʿa payṯa.*
9. *hī ʿammaynḳōle.*
10. *allxinnaḥ šaʿṯa m-Maʿlūla ʿa Baxʿa.*

1. Einer war groß und einer war klein.
2. Der große Sohn ging nach Damaskus.
3. Der Große schlägt ihn.
4. Er nahm zwei Stiere und pflügte mit ihnen.
5. Wir antworten ihnen nicht.
6. Sie schicken euch Essen.
7. Er muß mit ihm nach Baxʿa gehen.
8. Warum schlagt ihr sie (pl f) nicht?
9. Wenn der Große gegangen wäre, hätte der Kleine mit ihm gehen müssen.
10. Ihr kleiner Sohn ist eingeschlafen, und sie trägt ihn gerade nach Hause.

9. Lesestück

Die krumme Furche (von Meḥsin Qamar)

1. orḥa wōṯ aḥḥaḏ ġuppaʿḏnay ʿamrōḏ ʿal iṯᵊr ʿakkūš, aḥḥaḏ iʿᵊl w-aḥḥaḏ izʿur. 2. aḳam ti iʿᵊl ḳʿōle čōbar ʿa zʿōra. inᵊʿwaž ṯelma ʿemme. 3. ṭaʿl lanna massōsa w-ḳʿōle maḥēr rappa.[1] *4. ṯōle rfīḳe amelle: „ʿaya ʿačmaḥēl lanna rappa? – zʿōra ti ču ʿammallex!“ 5. amelle: „ṯelma ʿwōža m-ṯawra rappa, čūb mnᵊ-zʿōra. 6. yīb rappa mallex ʿa žōles, zʿōra minᵊžbar yallex ʿemme“.*

1 = *maḥēl rappa*

LEKTION VIII / *ṯēmen tarsa*

1. Das Fragepronomen *mannu*

Das Fragepronomen *mannu* hat die Bedeutung „wer (ist es)“. Beispiele:

mannu ti ṯōle?	wer (ist es), der kam?
mannu minnayhun?	wer von ihnen?

2. Die Nomen *ešma* „Name“ und *īḏa* „Hand“

Das Nomen *ešma* verhält sich wie *ebra* „Sohn“ (Lektion III), hat aber eine Variante mit Vorschlagsvokal *u*, wenn Possessivsuffixe antreten:

ešme, ušme	sein Name
ešmax, ušmax	dein (m) Name
išmiš, ušmiš	dein (f) Name

Das Nomen *īḏa* „Hand“ verliert bei Antritt der Pluralendung *-wōṯa* seinen Langvokal im Anlaut ersatzlos:

īḏa	ihre Hand	*ḏwōṯa*	ihre Hände
īḏ	meine Hand	*ḏwōṯ*	meine Hände
īḏxun	eure Hand	*ḏwōṯxun*	eure Hände

3. Das Verb *zalle* „gehen“

Wie *ṯōle* „kommen“ und *ḳʿōle* „sitzen“ (Lektion IV) wird als drittes Verb auch *zalle* mit Dativus ethicus gebildet. Die Formen:

	Präteritum	Subjunktiv
sg 3 m	*zalle*	*yzelle*
f	*zlalla*	*čzella*
2 m	*zlīčlax*	*čzellax*
f	*zlīšliš*	*čzilliš*
1 c	*zlill(i)*	*nzill(i)*
pl 3 m	*zallun*	*yizlullun*
f	*zallen*	*yizlallen*
2 m	*zličxun*	*čizlullxun*
f	*zličxen*	*čizlallxen*
1 c	*zlinnaḥ*	*nzellaḥ*

Das Präsens hat neben den Formen mit Dativus ethicus als Varianten auch die suffixlosen Formen, das Perfekt nur solche:

	Präsens		Perfekt
	suffigiert	unsuffigiert	
sg 3 m	*zelle*	*ōz(i)*	*izel*
f	*zlōla*	*ōza*	*zīla*
2 m	*čzellax*	*čōz(i)*	*čizel*
f	*čizlōš*	*čōza*	*čzīla*
1 m	*nzill(i)*	*nōz(i)*	*nizel*
f	*nizlōl(i)*	*nōza*	*nzīla*
pl 3 m	*zlillun*	*ōzin*	*zīlin*
f	*zlallen*	*ōzan*	*zīlan*
2 m	*čizlillxun*	*čōzin*	*čzīlin*
f	*čizlallxen*	*čōzan*	*čzīlan*
1 m	*nizlillaḥ*	*nōzin*	*nzīlin*
f	*nizlallaḥ*	*nōzan*	*nzīlan*

Imperativ:	Singular	Plural
m	*zēx*	*zlōn/zlallxun*
f	*zīš*	*zlēn/zlallxen*

4. Der Subjunktiv mit Akkusativ-Objektssuffixen

Für den Antritt der Objektssuffixe wird die Basis -KuKK- in den endungslosen Formen um *-en* oder *-in* erweitert und zwar in folgender Verteilung:

-en tritt an die Verbformen des Singulars und der 1 pl c an, mit Ausnahme der Formen, an die *-in* antritt.

-in tritt an die Verbform der 2 f sg an, sowie an alle anderen Verbformen des Singulars und der 1 pl c, wenn Objektssuffixe der 2 sg f oder der l sg c antreten.

Bei den Formen mit Pluralendung *-un* oder *-an* werden die Objektssuffixe an die Pluralendung angeschlossen.

Einen vollständigen Überblick gibt die folgende Tabelle:

Verbform	Präfix und Basis	Objektssuffix mit Erweiterung/Pluralendung	
		3 sg m	3 sg f
sg 3 m	*yṭuʿn-*	*-enne*	*-enna*
f	*čṭuʿn-*	*-enne*	*-enna*
2 m	*čṭuʿn-*	*-enne*	*-enna*
f	*čṭuʿn-*	*-innu*	*-inna*
1 c	*nṭuʿn-*	*-enne*	*-enna*
pl 3 m	*yṭuʿn-*	*-unne*	*-unna*
f	*yṭuʿn-*	*-anne*	*-anna*
2 m	*čṭuʿn-*	*-unne*	*-unna*
f	*čṭuʿn-*	*-anne*	*-anna*
1 c	*nṭuʿn-*	*-enne*	*-enna*

Die anderen Objektssuffixe im Singular:

	2 m	2 f	1 c
sg 3 m	*-ennax*	*-inniš*	*-inn(i)*
f	*-ennax*	*-inniš*	*-inn(i)*
2 m			*-inn(i)*
f			*-inn(i)*
1 c	*-ennax*	*-inniš*	
pl 3 m	*-unnax*	*-unniš*	*-unn(i)*
f	*-annax*	*-anniš*	*-ann(i)*
2 m			*-unn(i)*
f			*-ann(i)*
1 c	*-ennax*	*-inniš*	

Die Objektssuffixe im Plural:

	3 m	2 m	1 c
sg 3 m	*-ennun*	*-enxun*	*-ennaḥ*
f	*-ennun*	*-enxun*	*-ennaḥ*
2 m	*-ennun*		*-ennaḥ*
f	*-innun*		*-innaḥ*
1 c	*-ennun*	*-enxun*	

pl 3 m	*-unnun*	*-unxun*	*-unnaḥ*
f	*-annun*	*-anxun*	*-annaḥ*
2 m	*-unnun*		*-unnaḥ*
f	*-annun*		*-annaḥ*
1 c	*-ennun*	*-enxun*	

5. Vokabular

īḏa, pl *ḏwōṯa*	Hand
ešma, pl *išmō*	Name
ešna (f), pl *išnō*	Jahr
wažīha, pl *wažihō*	angesehener Mann
sōba, pl *sabō*	Bürgermeister
ḏ̣abʿa, pl *ḏ̣abʿō*	Hyäne
lēlya, pl *lilyōṯa*	Nacht
zamōna, pl *zamanō*	(vergangene) Zeit
ġūrča, pl *ġuryōṯa*	Loch
arʿa, pl *arʿawōṯa*	Erde, Land
ḥaṣṣa, pl *ḥaṣṣō*	Rücken
maḥzaḳḳa (f), pl *maḥzaḳḳō*	Ahle
mayla, pl *maylō*	Seite
ommṯa	Leute
šahᵊrṯa	abendliches geselliges Beisammensein
ḥilwōna	Trinkgeld
sōḥṯa	freier Platz, Dorfplatz
šappa, pl *šappō*	Jüngling
iḥᵊm, yiḥᵊm	sehen
ipḥaš, yipḥuš	graben
saṭṭaḥ, ysaṭṭaḥ	sich hinlegen
ṣaṭṭaḥ, yṣaṭṭaḥ	sich hinlegen
inšal, yinšul	hochheben, herausziehen
inxač, yinxuč	beißen
ilkaš, yilkuš	stechen (tr)
irxeb, yirxab	reiten
awwalča	früher
iḳḏum	vor (zeitl.)

6. Übersetzungsübungen

1. *mannu minnayhun zelle mayṯ ruzya?*
2. *awwalča, iḳḏum m-ḥarba rappa, wōṯ ḏ̣abʿō ġappaynaḥ.*
3. *b-anna šiḳya ti blōta ḥimniḏ̣ ḏ̣abʿa.*
4. *ġabᵊrnō w-šappō zallun ʿa šahᵊrṯa ġappil aḥḥaḏ wažīha bᵊ-blōta.*
5. *minᵊžbar yzelle ʿa sōba ti Baxʿa.*
6. *la aḳtar yallex, ʿayattil xann ṣaṭṭaḥ b-arʿa.*
7. *ipḥaš ġūrča b-arʿa b-anna lēlya.*
8. *ču batte yṭuʿnenne ʿa blōta.*
9. *zalle ʿa Ḏemseḳ yiḥmennun.*
10. *waḳčiṯ ṯōle ḏ̣abʿa ynuxčenne, lakše m-maḥzaḳḳa.*
11. *ṯōlun w-ayṯ iṯᵊr ʿakkūš ynuxsunnun.*
12. *aḳam aḥḥaḏ minnayhun amellun: „mannu minnayxun zelle mayṯ ḏ̣abʿa b-anna lēlya w-ṯēle?“*

1. Vor einem Jahr hat ihm eine Hyäne in die Hand gebissen.
2. Die Männer und Jünglinge des Dorfes sind zu einem gemütlichen Beisammensein zum Bürgermeister des Dorfes gegangen.
3. Als sie die Hyäne nach Maʿlūla brachten, kamen die Leute um sie zu sehen.
4. Die Hyäne konnte sie nicht beißen, weil sie sie mit der Ahle stach.
5. Wer von euch hat Trinkgeld genommen?
6. Wir gingen auf unsere Felder (Ländereien), um sie zu pflügen.

LEKTION IX / *tēseʿ tarsa*

1. *mett* „etwas“

mett kann verschiedene Funktionen erfüllen:

mett sōba	(irgend)ein Bürgermeister
ik̲dum mett ešna	vor etwa einem Jahr
la mett	nichts
mett xann, mett xann	teils so, teils so

2. Zahlwörter

Die Zahlen „eins“ und „zwei“ wurden bereits in Lektion I behandelt. Wie in anderen semitischen Sprachen treten die Zahlen ab drei zum jeweils anderen Genus:

t̲lōt̲a psūn	drei Jungen
et̲lat̲ bisnīyan	drei Mädchen

	m	f		
3	*et̲lat̲*	*t̲lōt̲a*	30	*t̲lēt̲(i)*
4	*arpaʿ*	*arpʿa*	40	*irpiʿ*
5	*ḥammeš*	*ḥamša*	50	*ḥimᵊš*
6	*šet̲t̲*	*šečča*	60	*šičč*
7	*ešbaʿ*	*šobʿa*	70	*šubᵊʿ*
8	*t̲mōn*	*t̲mōnya*	80	*t̲mēn*
9	*eṭšaʿ*	*ṭešʿa*	90	*ṭišᵊʿ*
10	*eʿsar*	*ʿasra*	100	*emʿa*
11	*aḥḥad̲aʿsar*	*eḥd̲aʿasᵊr*	1000	*ōlef*
12	*t̲leʿsar*	*t̲arčʿasᵊr*		
13	*t̲lеččaʿsar*	*et̲lat̲ʿasᵊr*		
14	*arpaʿčaʿsar*	*arpaʿʿasᵊr*		
15	*ḥammeščaʿsar*	*ḥammešʿasᵊr*		
16	*šeččaʿsar*	*šet̲ʿasᵊr*		
17	*šobʿačaʿsar*	*ešbaʿʿasᵊr*		
18	*t̲mōnyačaʿsar*	*t̲mōnʿasᵊr*		
19	*ṭešʿačaʿsar*	*eṭšaʿʿasᵊr*		
20	*ʿisᵊr/ʿisri*			

Die Zahlen werden untereinander mit *w-* verbunden:

ōlef w-eṭšaʿ emʿa w-ṯmēn w-ešbaʿ	1987

3. Adjektive mit verdoppeltem mittleren Radikal und Vokal *u* in der ersten Silbe

Im Sg m lassen sich dem Vokal der zweiten Silbe nach zwei Typen unterscheiden:

summuḳ	rot	*summar*	viel

Im Feminin und im Plural stimmen die Formen der beiden Typen überein:

sg f	*summōḳ*	*summōr*
pl m	*summūḳin*	*summūrin*
pl f	*summōḳan*	*summōran*

4. Die Präposition *misti* „mitten in"

misti payṯa	mitten im Haus
ʿa misti blōta	mitten ins Dorf

Die Präposition *misti* ist eine Kurzform zu *mistīḏa* „Mitte". Bei Antritt von Suffixen wird die Langform wieder hergestellt:

m-mistīḏxun	in eurer Mitte, unter euch

5. Die Verben I*n* *inḥeč* „hinabsteigen" und *infeḳ* „herauskommen"

Bei diesen beiden Verben wird der erste Radikal *n* in Kontaktstellung mit dem nachfolgenden Radikal häufig an diesen assimiliert. Dies ist besonders bei den Singularformen des Subjunktivs der Fall:

yinḥuč/yiḥḥuč	daß er hinuntergeht
činfuḳ/čiffuḳ	daß du herauskommst

6. Entlehnungen des arabischen VIII. Stammes

Das *t*-Infix des arabischen VIII. Stammes erscheint im NWA als *-č-*:

ižčmaʿ	sie versammelten sich

Bei Antritt von Flexionsendungen erscheint der Basisvokal nach dem *č*-Infix:

žčamʿinnaḥ	wir versammelten uns

Für die Bildung des Perfekts kann auf die Formen des Grundstammes zurückgegriffen oder eine eigene Form gebildet werden:

žmīʿin	sie waren versammelt sie hatten sich versammelt
(i)xčlīfin	sie waren zerstritten sie hatten sich zerstritten

7. Schwache Bildungen der aus dem Arabischen entlehnten Verbalstämme

Verben III*y* verlieren den dritten Radikal in allen Formen ohne Flexionsendung. Mit Antritt einer Flexionsendung erscheint auch der dritte Radikal *y* wieder:

mičsall	er vertreibt sich die Zeit
mičsallyin	sie vertreiben sich die Zeit
inčxi	er fühlte sich angesprochen
nčaxyaṯ	sie fühlte sich angesprochen

Entlehnungen des arabischen VII., VIII. und X. Stammes mit schwachem zweiten Radikal haben statt des zweiten Radikals einen Langvokal *ō*. Dieser Langvokal wird zu *a* gekürzt, wenn keine Flexionsendungen antreten:

intar	er drehte sich
ntōraṯ	sie drehte sich
mintar	er dreht sich
mintōrin	sie drehen sich

8. Vokabular

manzūla	großes Empfangszimmer, Salon
ġmōʿča	Versammlung, Leute
ḳerša, pl *ḳiršō*	Qirš, pl Geld
mett	ein, irgendein, etwas
mett…mett	teils…teils, einige…einige
summuḳ	rot
summar	viel
mistīḏa	Mitte
misti	inmitten, mitten in

inḥeč, yinḥuč/yiḥḥuč	hinuntergehen
infeḳ, yinfuḳ/yiffuḳ	hinausgehen, herauskommen
ižčmaʿ, yižčmaʿ	sich versammeln
ixčlaf, yixčlaf	sich zerstreiten
čsall, yičsall	sich die Zeit vertreiben
inčxi, yinčxi	sich angesprochen fühlen
intar, yintar	sich drehen, herumgehen
mbayyan	berühmt, bekannt
šičwōyṯa	Winter
ḳatīmay	alt

9. Übersetzungsübungen

1. Im Winter gehen die Männer des Dorfes zum Bürgermeister, um bei geselligem Beisammensein die Zeit zu verbringen.
2. In diesem Winter kamen die Hyänen in der Nacht mitten ins Dorf.
3. Nach diesem Winter ging er hinunter in die bewässerten Gärten des Dorfes. Er hat viel Land, das er pflügen muß.

10. Lesestück

Die Hyäne (von Yḥanne Barkīla) Teil 1

1. awwalča, iḳḏum m-ḥarba rappa, iḳḏum mett šičč, šubᵊʿ išᵊn, mižčamʿin hann ġabᵊrnō w-hann šappō ġappil aḥḥaḏ wažīha bᵊ-blōta, aw sōba aw aḥḥaḏ mbayyan. 2. mižčamʿin b-ōš šičwōyṯa ġappe; mičsallyin. 3. w-hinn žmīʿin b-anna payṯa, aḳa(m) aḥḥaḏ minnayhun amellun: „mannu minnayxun zelle mayṯ ḏ̣abʿa b-anna lēlya w-ṯēle?" 4. inčxi aḥḥaḏ ušme xumam. amellun: „ana nzill nmayṯēle w-nṯīl." amrulle: „zēx!" 5. išḳal ṯarč maḥzaḳ ʿemme. w-awwalča, zamōnil ḳatīmay, ṯyillun ḏ̣abʿō summūrin ġ-ġappaynaḥ.[1] *ṯyillun ʿa misti blōta. 6. inḥeč ʿal-anna šiḳya ti blōta, ḥimniḏ ḏ̣abʿa, w-ḏ̣abʿa ḥimne.*

1 = *l-ġappaynaḥ*

LEKTION X / *ʿēser tarsa*

1. Die Konjunktion *lukkil*

Die Konjunktion *lukkil* bedeutet „als“, „da, wo“. Beispiele:

lukkil ḥimne	als er ihn sah
p-payṯa lukkil šhīrin	in dem Haus, wo sie den Abend verbrachten

2. Der arabische III. Stamm

Der Langvokal des arabischen III. Stammes erscheint in Entlehnungen in M als *ō*. Bei Antritt von Flexionssuffixen wird er zu *a* gekürzt. Gleichzeitig wird der Vokal *e* der zweiten Silbe zu *ī* gelängt:

ʿōwet	er kehrte zurück
ʿawītaṯ	sie kehrte zurück

Gerät der Langvokal *ī* der zweiten Silbe in den Vorton, wird er zu *i* gekürzt:

ʿawitinnaḥ	wir kehrten zurück

3. Verben mit identischem zweiten und dritten Radikal

Bei Verben mit identischem zweiten und dritten Radikal entfällt der dritte Radikal, wenn keine Flexionsendungen antreten. Formen ohne Flexionsendung haben stattdessen einen Vorschlagsvokal *a*:

alam	er sammelte
lammaṯ	sie sammelte

Im Subjunktiv erscheinen die Formen ohne Flexionsendung mit verdoppeltem ersten Radikal:

yillum	daß er sammelt

Präsens und Perfekt unterscheiden sich in ihrer Bildungsweise nicht von den starken Verben:

lōmem	er sammelt
lōmma	sie sammelt
ilmem	er hat gesammelt
lmīma	sie hat gesammelt

Im IV. Stamm haben die Verba mediae geminatae einen Langvokal im Anlaut, der bei Antritt von Flexionsendungen im Vorton gekürzt wird. Mit der Flexionsendung tritt auch der dritte Radikal wieder an:

ōneṭ	er sprang
aniṭṭaṯ	sie sprang

Eine Verdoppelung des ersten Radikals im Subjunktiv unterbleibt jedoch:

yōneṭ	daß er springt
yaniṭṭun	daß sie springen

4. Antritt von indirekten Objektssuffixen

Die mit *-l-* angefügten Objektssuffixe am Präsens und Perfekt, die dort Akkusativ- und Dativ-Objektssuffixe bezeichnen, können auch an Subjunktiv und Präteritum antreten, bezeichnen dann aber ausschließlich Dativ-Objektssuffixe:

lammle	er sammelte ihm/für ihn
lammulle	sie sammelten für ihn
yixṯoble	daß er ihm schreibt

Mit einem zweiten *l*-Suffix kann ein weiteres Objekt angeschlossen, bzw. das nachfolgende Objekt determiniert werden. Es existieren also drei verschiedene Arten von Objektssuffixen:

app (ohne Suffix)	sie gaben
appunne	sie gaben ihn
appulle	sie gaben ihm
applulle	sie gaben es ihm

mit nachfolgendem Objekt:

appulle ḳiršō	sie gaben ihm Geld
applulle ḳiršō	sie gaben ihm das Geld

5. Vokabular

išher, yišhur	den Abend gesellig verbringen
iflač, yifluč	herauslassen, herausbringen
alam, yillum	sammeln, aufsammeln
lammṯa	Sammlung
iḳlaʿ, yiḳluʿ	hinauswerfen
rağğaʿ, yirağğaʿ	zurückbringen
naffeḏ, ynaffeḏ	ankommen lassen
app, yapp	geben
ʿōwet, yʿōwet	zurückkehren
ōneṭ, yōneṭ	springen
lukkil	als, (da), wo
atar	also
ġēr, ġayr	außer

6. Übersetzungsübungen

1. Als die Hyäne ihn sah, biß sie ihn in die Hand.
2. Er ritt nach Hause zurück (er ritt und kehrte nach Hause zurück).
3. Ich kehre nicht nach Hause zurück, wenn ihr mir nicht ein Trinkgeld gebt (außer ihr gebt mir ein Trinkgeld).
4. Die Leute sammelten Geld für ihn und gaben es ihm.
5. Er kehrte in das Haus zurück, in dem die Leute gerade den Abend bei gemütlichem Beisammensein im Salon verbrachten.
6. Als wir bei ihnen vorbeikamen, schlachteten sie das Rind und gaben es uns und nahmen das Geld von uns.
7. Als ihn die Hyäne gebissen hatte, wollte er ihn auf seinem Rücken nach Hause tragen, aber er konnte es nicht.
8. Einmal im Jahr versammeln sich die Männer des Dorfes beim Bürgermeister, um ihn zu sehen und ihn zu grüßen.

7. Lesestück

Die Hyäne (von Yḥanne Barkīla) Teil 2

7. lukkil ḥimne ḏ̣abʿa, ipḥaš ġūrča b-arʿa w-saṭṭaḥ b-arʿa. 8. ṯōle ḏ̣abʿa batte yṭuʿnenne, w-ʿamma našelle, ōneṭ xumam, ṯōle p-ḥaṣṣe. 9. lukkiṯ ṯōle p-ḥaṣṣe, maḥzaḳḳō b-īḏe, mintar batte ynuxčenne mn-anna mayla, lakešle m-maḥzaḳḳa. mintar batte ynuxčenne mn-anna mayla, lakešle m-maḥzaḳḳa. 10. xann irxeb w-rōžaʿ bē ʿa blōta, ʿa payṯa lukkiš šhīrin hōḏ ommṯa m-manzūla. ṯōle atar. 11. hann, ti ḳaʿyin p-šahᵊrṯa, amellun ti ayṯniḏ̣ ḏ̣abʿa: „ču nfalečle mn-ōxa ġēr čappull mett ḥilwōna“. 12. inčxi ġmōʿča, lammulle lammṯa ḳiršō w-applulle. 13. ʿōwet ražžʿiḏ̣ ḏ̣abʿa, naffḏe ʿa sōḥṯlᵊ blōta w-ḳalʿe.

Dialekt von Ğubbʿadīn

LEKTION XI

1. Phonologie

Abweichungen von M wurden bereits im einleitenden Abschnitt zur Phonologie behandelt. Die auffälligsten Besonderheiten sind die Verschiebung von altem *k* zu *č*, die Umlautung von *ō* zu *ū* nach *m* und *n* und die Brechung der Langvokale bei einigen Sprechern nach *a* hin:

M	Ğ	
ḏokkṯa	*ḏoččṯa*	Platz, Ort
bnōṯa	*bnūṯa*	Töchter
ḳōmiṯ	*ḳō*^{a}*miṯ*	ich stand auf

2. Silbenbildung

Im Gegensatz zu M können Langvokale in doppelt geschlossener Silbe nicht vorkommen. Wird aus morphologischen Gründen eine Silbe doppelt geschlossen, so wird der Langvokal gekürzt:

ḳaṭlīčnen	du tötetest sie (pl f)
ḳaṭlič^{ə}*n*	du tötetest sie (pl m)

Geminaten im Auslaut werden regelmäßig gekürzt und die vorangehenden Vokale ersatzweise gelängt:

M	Ğ	
hačč	*hāč*	du (m)
ʿimmayy	*ʿimmāy*	mit ihnen (m)
xann	*xān*	so

Auffällig ist auch der Schwund des auslautenden Konsonanten bei einigen Wörtern:

M	Ǧ	
ḳōm	*ḳō*	steh auf! (m)
aḥḥad̲	*aḥḥa*	einer
aḥsan	*aḥsa*	besser

3. Personalpronomen

Die Endung *-un* der 3 pl m bleibt nur an der Singularform des Nomens erhalten:

tarbun	ihr (pl m) Weg

In allen anderen Fällen, einschließlich des selbständigen Personalpronomens, schwindet die Endung *-un*:

M	Ǧ	
hinnun	*hīn*	sie (pl m)
xilillun	*xilīl*	sie haben sie gegessen

Die Endung *-xun* der 2 pl m wurde generell zu *-x* verkürzt:

M	Ǧ	
hačxun	*hačᵊx*	ihr (pl m)
payt̲xun	*bayt̲ᵊx*	euer (m) Haus
ḳaṭličxun	*ḳaṭličᵊx*	ihr habt getötet

Das suffigierte Personalpronomen der 1 sg c lautet in Ǧ *-ay* (M: *-i/-Ø)*, das der 3 sg f am Nomen und an Präpositionen *-ah* (M: *-a*):

M	Ǧ	
minn(i)	*minnay*	von mir
zlill(i)	*zlillay*	ich ging
bā	*bāh*	in ihr
payt̲a	*bayt̲ah*	ihr Haus

4. Pluralbildungen auf *-ōya*

Als altertümlichere Variante zum maskulinen Plural auf *-ō* kommt die Form *-ōya* noch häufig vor. Die gleiche Erscheinung findet man beim determinierten Adjektiv:

M	Ǧ	
xuṯlō	*xuṯlōya*	Mauern
awwalnō	*awwalnūya*	der erste

5. Flexion des Subjunktivs

Auffälligster Unterschied zu M ist das Flexionspräfix *-š* für die 2 sg f. Der Präfixvokal ist *u*, wenn der Basisvokal *u* ist, sonst *i* (in M stets *i*):

M	Ǧ	
čiḏmux	*šuḏmux*	daß du schläfst
yīsub	*yūsub*	daß er nimmt

Anstelle des Hilfsverbs *batte* wird in Ǧ zum Ausdruck des Futurs *bēle* verwendet. Vor nachfolgendem Verb im Subjunktiv werden auch Kurzformen verwendet:

	sg	pl
3 m	*bēle, bi-*	*bēl, bi-*
3 f	*bēla, bi-*	*bēlen, bi-*
2 m	*bēx, bex, bax*	*belᵊx, bax*
2 f	*bīš, biš, baš*	*bēlxen, bax*
1 c	*bīlay, bin*	*bēḥ, beḥ*

6. Das Verb *ōmar* „sagen"

Wie in M (s. Lektion III, Abschnitt 7) wurde das Präsens *ōmar* auf die 3 sg m und die 3 pl c des Präteritums übertragen. In Ǧ erscheint jedoch analog zur 3. Person der Langvokal auch in den anderen Formen des Singulars:

M	Ǧ	
ōmar	*ōmar*	er sagte
amraṯ	*ōmraṯ*	sie sagte
amrič	*ōmrič*	du (m) sagtest
usw.		

Im Subjunktiv findet sich in Ǧ durchgehend der Präfixvokal *ī*, während M bei allen Formen mit Pluralendung einen Präfixvokal *ū* hat:

M	Ǧ	
yīmar	*yīmar*	daß er sagt
yūmrun	*yīmrun*	daß sie sagen

7. Vokabular

berča, pl *bnūṯa*	Tochter
aḥḥa	einer
aḥsa (ma)	besser (als)
bayṯa (M: *payṯa!*)	Haus
xarma	Weinberg
awwalnūya	der erste
l-ḥōl-	allein
l-ḥōlay	ich allein
barrīya	Steppe, Ödland
motayr	Motorrad
buntḳōyṯa	Gewehr
naḏ̣ūr	Fernglas
ḏoččṯa	Ort
ḏ̣abᵊʿṯa, pl *ḏ̣abʿōṯa*	Hyäne
aḳreṭ, yaḳreṭ	frühstücken
arnaḥ, yarnaḥ	stellen, legen, verstauen
asab, yūsub	nehmen, mitnehmen
awḳef, yawḳef	anhalten
iḳṭal, yuḳṭul	töten
Ġuppaʿōḏ	Ǧubbʿadīn
Čawwōne	Tawwāne (Nachbarort von Ǧ)
uḳči(l)	als

8. Übersetzungsübungen

1. *ana aspiṯ ʿimmay naḏ̣ūr w-aspiṯ ʿimmay buntḳōyṯa w-zlillay ʿa barrīya.*
2. *ṭaʿnaṯ massōsa w-mḥāč.*
3. *yōma m-yumūya ḳōmiṯ zlillay ʿa xarmūya.*
4. *b-anna yōma iḥmiṯ ḏ̣abʿōṯa b-barrīya ḳōmiṯ ḳaṭlīč.*
5. *hačᵊx ḏimxičᵊx b-bayṯᵊx.*
6. *zāl m-Čawwōne ʿa Ġuppaʿōḏ.*
7. *ču bēle yṭuʿnēn ʿa blōta.*
8. *ana bīlay nuḏmux hōxa.*

1. Wir schicken sie (pl m) nach Tawwāne.
2. Als ihre Tochter eingeschlafen war, trugen sie sie nach Hause.
3. Sie gingen nach Damaskus, um sie (pl m) zu sehen.
4. Als wir bei ihnen (m) vorbeikamen, gingen sie in die Weinberge.
5. Ich verließ ihr (sg f) Haus und bestieg das Motorrad.
6. Ich ging zu ihnen (m) und tötete sie (pl m).
7. Ich will mein Land pflügen.
8. Sie (m) wollen bei ihnen (m) frühstücken.

LEKTION XII

1. Annexion mit dem Suffix *-il*

Das Suffix *-il* an Nomen, Verben und Präpositionen zur Annexion des nachfolgenden Nomens tritt im Gegensatz zu M nur an, wenn das nachfolgende Nomen mit Vokal beginnt. Beginnt das nachfolgende Nomen mit Konsonant, wird das Suffix *-il* zu *-i* verkürzt. Gelegentlich schwindet auch das *-i* und bei Feminina manchmal auch die Femininendung *-ṯ*:

b-arʿil immay	auf dem Grundstück meiner Mutter
b-arʿi Čawwōne	auf dem Gebiet von Tawwāne
*m-ḏočči niḳ*ᵊᶜ	an dem Platz, an dem ich saß

2. Demonstrativpronomen

Die 2 sg f hat in Ǧ eine Variante *hōḏin*. Bei *hōḏ* schwindet meist das auslautende *-ḏ*. Die übrigen Formen entsprechen, von der Kürzung der Geminaten im Auslaut abgesehen, den Formen in M:

	nähere Deixis	fernere Deixis
sg m	*hanna*	*hōṯe*
sg f	*hō(ḏ), hōḏin*	*hōṯa*
pl m	*hān*	*haṯīn*
pl f	*hannen*	*haṯinnen*

3. Schwache Verben

Die Verben III*y* haben in der suffixlosen 3 sg m und 3 pl c im Präteritum eine Erweiterung um *-ay*:

M	Ǧ	
*ir*ᵊ*ḏ*	*irḏay*	er pflügte

Im Präsens tritt der dritte Radikal *y* nur bei den Femininformen auf, nicht bei den maskulinen Pluralformen:

M	Ǧ	
rōḏyin	*rōḏin*	sie pflügen (m)
rōḏyan	*rōḏyan*	sie pflügen (f)

Im Imperativ wird der Vokal *a* bei Längung zu *ō* , während in M die Vokalqualität erhalten bleibt:

M	Ǧ	
rḏā	*rḏō*	pflüge (m) !
rḏāy	*rḏōy*	pflüge (f) !

Bei den Verben mit identischem zweiten und dritten Radikal wird in der suffixlosen 3 sg m und 3 pl c des Präteritums der erste Radikal verdoppelt:

M	Ǧ	
ašam	*iššam*	er roch

Das Hilfsverb *ōṯ* „es gibt" in M erscheint in Ǧ in der altertümlicheren Form *ōyṯ*.

Weitere Formen:	*čūyṯ*	es gibt nicht
	epp- (+Pron.-Suffix)	es gibt in

4. Verben besonderer Bildungsweise

Die drei mit Dativus ethicus gebildeten Verben (M: *ṯōle, ḳʿōle, zalle*) erscheinen in Ǧ weitgehend ohne *-l*-Suffix. Dies betrifft insbesondere den Subjunktiv:

3 sg m	*yīṯ*	*yiḳᵊʿ*	*yīz*
f	*čīṯ*	*čiḳᵊʿ*	*čīz*
3 pl m	*yīṯun*	*yiḳʿun*	*yīzun*
usw.			

Im Präteritum werden auch M *ṯōle* und *ḳʿōle* wie gewöhnliche Verben IIIy gebildet, während *zalle* mit Dativus ethicus erscheint:

sg 3 m	*aṯa*	*iḳʿay*	*zalle*
f	*aṯaṯ*	*iḳʿaṯ*	*zlalla*
2 m	*aṯič*	*iḳʿič*	*zlīčlax*
f	*aṯiš*	*iḳʿiš*	*zlīšliš*
1 c	*aṯiṯ*	*iḳʿiṯ*	*zlillay*
pl 3 m	*aṯun*	*iḳʿay*	*zāl*
f	*aṯan*	*iḳʿay*	*zallen*
2 m	*ṯičᵊx*	*ḳʿičᵊx*	*zličᵊx*
f	*ṯičxen*	*ḳʿičxen*	*zličxen*
1 c	*ṯinnaḥ*	*ḳʿinnaḥ*	*zlinnaḥ*

Auch der Imperativ wird nicht mit Dativus ethicus gebildet:

sg m	*ṯō*	*ḳʿō*	*zē*
f	*ṯōy*	*ḳʿōy*	*zī*
pl m	*ṯōn*	*ḳʿōn*	*zlōn*
f	*ṯēn*	*ḳʿēn*	*zlēn*

5. Der II. Stamm

In Ǧ kann nach dem verdoppelten mittleren Radikal ein Vokal *a* eingeschoben werden, der jedoch keinen Einfluß auf den Wortakzent hat:

M	Ǧ	
šattriṯ	*šáttariṯ*	ich schickte

6. Adjektive mit Basisvokal *u*

Adjektive mit Basisvokal *u* haben im Singular maskulin einen Vorschlagsvokal *u* (M: *i*):

M	Ǧ	
ikkum	*uččum*	schwarz
(*iḥᵊl*)	*uxḥul*	schön, gut, süß

7. Vokabular

hwō(ya)	Wind
manṭaḳṯa	Gegend, Gebiet, Bezirk
sawxṯa, pl *sawxō*	Distel, Gestrüpp
lūza	Mandel(baum)
ġarḏa	Sache, Ding
ḥūya	Schlange
fašᵊčṯa	Patrone, Kugel
ḏaxra	Männchen
unṯōyṯa	Weibchen
ʿrōba	Abend, abends
ʿṣofra	Morgen, morgens

a̠tra	Spur, Rest
fačᵊrt̠a	Zeit, Zeitspanne
ṭayra	Vogel, Raubvogel
sallay, ysallay	sich die Zeit vertreiben
iššam, yuššum	riechen, schnuppern
šammlᵊ hwō	frische Luft schnuppern, spazierengehen
imṭay, yimᵊṭ	ankommen
išway, yušw	machen
zaxxam, yzaxxem	eilen
baʿʿed̠, ybaʿʿed̠	sich entfernen
ḳawwes, yḳawwes	schießen
ifreṭ, yifraṭ	sich lösen, entrollen
mattet, ymattet	ausbreiten
iščḥay, yiščaḥ	finden
ṭūla	Länge
metra	Meter
baḥer	sehr, viel
uččum	schwarz
uxḥul	schön, gut
ḳayyam	noch
bayyen	sichtbar
ilfef	zusammengewickelt, gerollt
t̠ōra	langsam, ein bißchen
xwōt̠-	wie
baččar	früh
t̠rāy	sie beide
lasa	aber nicht
banawb	überhaupt
čaḳrīban/taḳrīban	ungefähr
ʿala sabīl	damit, um
čixmīn	schätzungsweise
ʿemmi baʿḏīn	miteinander
čuḥč-	unter
ōt̠ t̠lōt̠a mitᵊr	es sind ungefähr drei Meter
lōḥmit̠ (= la iḥmit̠) ġayr	plötzlich sah ich
(l-)ḥatta, l-ḥāt	bis

baʿʿed̲	entfernt, weit
hōṯe, f *hōṯa*, pl *haṯīn*	jener

8. Übersetzungsübungen

1. Ich kam am Abend nach Hause.
2. Ich lud (machte) eine Patrone in mein Gewehr und schoß.
3. Ich legte die Sachen unter den Mandelbaum und setzte mich nieder.
4. Sie kommen am Morgen aus Tawwāne und pflügen.
5. Er sah eine schwarze Schlange und ging sein Gewehr holen.
6. Pflüge dieses Land und komm!
7. Sie (pl m) kamen aus Damaskus, um sie (pl m) zu holen.
8. Es gibt keinen Platz hier, um uns zu setzen.
9. Es gibt Schlangen in den Weinbergen. Früh am Morgen wollen sie (pl m) gehen, um sie zu töten.

9. Lesestück

Die Schlange (von Mḥammad Ḥusayn ʿĪsa)

1. yōma m-yumūya ana niḳᵊʿ b-bayṯa l-ḥōlay, ōmriṯ ḳō, zē sallō b-barrīya, aḥsa ma čiḳᵊʿ b-bayṯa. 2. ḳōmiṯ, arnḥičči xōla ʿa lanna motayr w-aspiṯ ʿimmay buntḳōyṯa w-aspiṯ ʿimmay nad̲ūr. 3. w-zlillay nšummēn hwō b-barrīya. rixpiṯ ʿal-anna motayr w-nifḳiṯ m-bayṯa. 4. ḳōmiṯ zlillay ʿa xarmūya, ʿa manṭaḳṯa b-Ġuppaʿōd̲ ešmah xarmū, b-arʿi Čawwōne. 5. walla nīzel ʿanšamémi hwōya l-ḥāt uḳčil imṭiṯ l-ōṯa manṭaḳṯa. 6. ōyṯ d̲očča ḳōmiṯ awḳfiṯ bāh. d̲očča xḥōla xān w-eppa sawxō w-eppa luzō. 7. arnḥičči lān ġard̲ō čuḥči lanna lūza w-iḳʿiṯ. 8. w-ana niḳᵊʿ willa lōḥmiṯ ġayr ḥūya mn-ān rappō marreḳ m-d̲očči niḳᵊʿ; uččum, ṭūle ōṯ taḳrīban ōṯ ṯlōṯa mitᵊr. 9. ana ʿimmay buntḳōyṯa, ḳōmiṯ išwiṯ fašᵊčṯa b-ō buntḳōyṯa. 10. uḳči šwičči fašᵊčṯa b-buntḳōyṯa, wrāx ḥūya zaxxam baḥer, yaʿni iṯken baʿʿed̲ miʿlay taḳrīban ōṯ ṯlēṯ mitᵊr. 11. ḳōmiṯ – hū ḳayyam bayyen liʿlay – ḳōmiṯ ḳawwasičče, ḳaṭličče. 12. zlillay leʿle ʿala sabīl bin nayṯenne w-nīṯ. 13. ana nīzel p-tarba willa lōḥmiṯ ġayr aḥḥa ḥrēna, xwōṯe čixmīn. waybin d̲axra w-unṭōyṯa ḳaʿin ʿemmi baʿd̲īn. 14. ḳayyam ilfef. ʿamfōreṭ ṭōra ṭōra. 15. ḳōmiṯ báʿʿad̲iṯ meʿle w-išwiṯ fašᵊčṯa ḥrīṯa b-buntḳōyṯa w-ḳawwasičče xēt ḳaṭličče. 16. ḳōmiṯ zlillay l-ʿal‿awwalnūya, ayṯičče w-aṯiṯ l-ʿal-anna. 17. mattatīč ṭrāy b-arʿa w-iḳʿiṯ šammičči hwōya l-ḥatta ʿrōba. 18. aṯiṯ ʿrōba ʿa bayṯa, ḳōmiṯ zlillay ṯēn yōma ʿṣofra baččar zlillay liʿlāy – lasa nmiščḥēl aṯra banawb. 19. b-ō fačᵊrṯa hōd̲in ōṯin ṭayrō xilīl.

Dialekt von Baxʿa

LEKTION XIII

1. Phonologie

Die Besonderheiten im Lautsystem von Baxʿa wurden bereits im einleitenden Abschnitt zur Phonologie behandelt. Hier soll nur nochmals darauf hingewiesen werden, daß dem *č* in M ein *ć* in Baxʿa und dem *ž* in M ein *ğ* in B entspricht:

M	B	
iʿwuž	*uʿwuğ*	krumm
hačč	*haćć*	du (m)

2. Genusunterscheidung

Im Gegensatz zu M und Ğ wurde in B die Genusunterscheidung in den Pluralformen des Verbums, des Pronomens und des Adjektivs aufgegeben, wobei sich die maskuline Form durchgesetzt hat.

M	B	
hačxun (m)	*haćxun* (c)	ihr
hačxen (f)		
yṭuʿnun (m)	*yṭuʿnun* (c)	daß sie tragen
yṭuʿnan (f)		

3. Flexion des starken Verbums

Während sich in M und Ğ im Präteritum die transitiven Verben mit Basisvokal *a* von den intransitiven Verben mit Basisvokal *e*/*i* stets unterscheiden lassen, hat sich in B in den suffixlosen Formen der 3 sg m und 3 pl c ein einheitlicher Basisvokal *a* durchgesetzt:

M	B	
iḳṭal	*iḳṭal*	er tötete
iḏmex	*iḏmax*	er schlief

In den Formen mit Flexionssuffixen haben die intransitiven Verben wie in M einen Basisvokal *i*.

M	B	
ḳaṭliṯ	*ḳaṭlıṯ*	ich tötete
ḏimxiṯ	*ḏimxiṯ*	ich schlief

Im Subjunktiv lautet das Präfix der 2 sg f wie in Ǧ *š*-, der Präfixvokal der Verben mit Basisvokal *u* lautet wie in Ǧ *u*:

M	B	Ǧ	
čiḏmux	*šuḏmux*	*šuḏmux*	daß du schläfst

Bei Verben mit *b* als 3. Radikal sind die alten Regeln der Begadkefat in M und Ǧ noch lebendig. Deshalb steht *b*, das die alte Spirans vertritt, nur nach Vokal, während sonst *p* eintritt, welches auf die alte plosive Aussprache zurückgeht. In B hat sich dagegen einheitlich *p* durchgesetzt:

M	B	Ǧ	
ixṯab	*ixṯap*	*ixṯab*	er schrieb
xaṯpaṯ	*xaṯpaṯ*	*xaṯpaṯ*	sie schrieb

4. Pronominalsuffixe

Das Pronominalsuffix der 3 sg m lautet in B meist *-i* und wird nur gelegentlich, meist in Pausalform, zu *-e* gesenkt. Deshalb lautet das Suffix der 1 sg m stets *-Ø*:

M	B	
payṯe	*payṯi*	sein Haus
payṯ, payṯi	*payṯ*	mein Haus
amelle	*amerli*	er sagte zu ihm
amill(i)	*amirᵊli*	er sagte zu mir

Tritt das Pronominalsuffix der 3 pl c *-hun* an Pluralformen an, die auf *-ay* auslauten, so wird die Form *-ayhun*, die in M zu *-ayn* verkürzt werden kann, in B zu *-ēn*:

M	B	
ġappay(hu)n	*ġappēn*	bei ihnen
išmay(hu)n	*išmēn*	ihre Namen

5. Vokabular

šayxa	Scheich, Anführer
ʿúrrabay	Beduine, beduinisch
ḳabīlća	Stamm, Beduinenstamm
ʿapta	Sklave, Diener
ḳáhwağay	Kaffeekoch
sayta	Jagd
ġazōla	Reh, Gazelle
barra, barrīya	Steppe, Ödland
eććṯa, pl *iććawōṯa*	Ehefrau, Gattin
zalᵊmṯa, pl *zalmōṯa*	Mann
farᵊšṯa	Bett, Matratze
safᵊrṯa	Ausflug, Reise
amlek, yamlek	besitzen, herrschen
zahheb, yzahheb	Wegzehrung geben, mit Proviant versehen
sayyat, ysayyat	jagen
aḥᵊk, yaḥᵊk	sagen, sprechen, erzählen
kammel, ykammel	vervollständigen, beenden
man	wer (Interrogativpronomen)
mā	was (Interrogativpronomen)
minšōn, miššōn, miššōl	damit, um, wegen
fart	ein, einzig
waḳćilli	als

6. Übersetzungsübungen

1. *hanna šayxa mamlek ʿa ḳabīlća rappa.*
2. *eććṯi w-hanna ʿapta iḏmax p-fart farᵊšṯa.*
3. *zallun ʿa sayta, ʿa barrīya, miššōn ysáyyatun ġazalō.*
4. *irxap w-ʿōwet ʿa payṯi.*
5. *b-anna yōma ṯōlun zalmōṯa m-Maʿlūla w-iḏmax ġappayxun.*
6. *amerli: „ću batt nuxṯup".*
7. *hann zalmōṯa zallun ʿa ḥarba w-b-anna ḥarba imeṯ aḥḥaḏ minnēn.*

1. Er hat (bei ihm ist) einen Sklaven, der als Kaffeekoch bei ihm ist.
2. Er schlief in der Steppe und ritt am nächsten Tag nach Hause zurück (er ritt und kehrte zurück am nächsten Tag nach Hause).
3. Was machen die Ehefrauen in Baxʿa an diesem Tag?
4. Möchtest du (f) in diesem Bett schlafen?
5. An diesem Tag kehrte einer von ihnen in sein Haus zurück.

LEKTION XIV

1. Objektssuffixe an der 3 sg m

In M treten im Präteritum 3 sg m die Objektssuffixe bei allen starken Verben mit Basisvokal *a* unmittelbar an die Basis an, während die Verben mit Basisvokal *e/i* eine um *-n-* erweiterte Basis benötigen. In Ǧ und in B wurde diese unterschiedliche Behandlung der Verben aufgehoben und zwar so, daß in Ǧ niemals und in B immer eine Erweiterung der Basis um *-n-* durchgeführt wird:

M	B	Ǧ	
fat̲ḥe	*fat̲ᵊḥni*	*fat̲ḥe*	er öffnete ihn
šimᵊʿne	*šimᵊʿni*	*šimʿe*	er hörte ihn

Endet das Verb mit *-l* als 3. Radikal, wird in B das *-l* an das *-n-* assimiliert:

iškal	er heiratete
šakᵊnna	er heiratete sie

Bei den schwachen Verben wird auch in M und Ǧ die Basis um *-n-* erweitert, in B bleibt jedoch der Vorschlagsvokal erhalten:

M	B	Ǧ	
ḥimna	*iḥᵊmna*	*ḥimna*	er sah sie

2. Der Imperativ

In B wird der Imperativ im Gegensatz zu M und Ǧ nicht mit Längung des Vokals der letzten Silbe gebildet:

M	B	
d̲mōx	*ud̲mux/d̲mox*	schlaf (m)!
d̲mūx	*ud̲mux/d̲mux*	schlaf (f)!
kammēl	*kammel*	beende (m)!
kammīl	*kammil*	beende (f)!

3. Verben besonderer Bildungsweise

Die Verben *t̲ōle* und *zalle* sind in B unter Mißachtung der Wurzelkonsonanten weitgehend einander angeglichen worden. Zum Vergleich werden die Formen von M danebengestellt. Beispiele:

M	B	
ṯalla	*ṯalla*	sie kam
zlalla	*zalla*	sie ging
ṯīčlax	*ṯīćlax*	du (m) kamst
zlīčlax	*zīćlax*	du (m) gingst
ṯīšliš	*ṯīšliš*	du (f) kamst
zlīšliš	*zīšliš*	du (f) gingst
ṯīčxun	*ṯilićxun, ṯićalxun*	ihr kamt
zličxun	*zilićxun, zićalxun*	ihr gingt
ṯill	*ṯill*	ich kam
zlill	*zill*	ich ging
yiṯyullun	*yiṯlullun*	daß sie kommen
yizlullun	*yizlullun*	daß sie gehen
čṯēx	*ćṯēx*	daß du kommst
čzellax	*ćzēx*	daß du gehst
nṯīl	*nṯīl*	daß ich komme
nzill	*nzīl*	daß ich gehe
nṯēḥ	*nṯēḥ*	daß wir kommen
nzellaḥ	*nzēḥ*	daß wir gehen
ṯyōla	*ṯlōla*	sie kommt
zlōla	*zlōla*	sie geht
ṯyillun	*ṯlillun*	sie kommen
zlillun	*zlillun*	sie gehen

4. Das Pseudoverb *ēli*

Die Form entspricht M *īle* „er hat, er besitzt"

M	B	
īle payṯa	*ēli payṯa*	er hat ein Haus

Die übrigen Formen in B:

sg 3	f	*ēla*	pl 3	c	*ēlun*
2	m	*ēx*	2	c	*ēlxun*
	f	*īš*			
1	c	*īl*	1	c	*ēḥ*

5. Vokabular

ʿyōla	Ehefrau, Familie
rayša	Kopf
sayfa	Schwert
kōra	Gewohnheit, Sitte, Brauch
bil-lēlya	nachts, in der Nacht
p-ḥaṣṣ-	zusätzlich
ḥaćća	Neuer
išćaḥ, yišćaḥ	finden
ḳaṭṭeʿ, yḳaṭṭeʿ	abschneiden, abtrennen
ṭaššer, yṭaššer	lassen, sich trennen von, scheiden
aʿšeḳ, yaʿšeḳ	lieben
išḥaṭ, yušḥuṭ	ziehen (Schwert)
iḳḳaṣ, yuḳḳuṣ	abschneiden, abschlagen
irᵊṣ, yirᵊṣ	wollen, zustimmen, einverstanden sein
ēli	er hat
iḏa	wenn
ʿali	warum
baʿtēli/baʿtēni	dann, danach
ʿa-, mit Suff. *eʿli*	auf ihm
ći	Relativpronomen
man mā	wer auch immer

6. Übersetzungsübungen

1. Er sagte zu seiner Frau: „Pack uns Proviant ein, wir wollen zur Jagd in die Steppe gehen".
2. Er zog das Schwert und schlug ihm den Kopf ab.
3. Ich habe ein Haus und Land in Baxʿa.
4. Schlafe (f) in dem Haus, das mir gehört.
5. Töte diesen Sklaven in der Steppe.
6. Als er zurückkehrte, sah er ihn und tötete ihn.

7. Lesestück

Die untreue Gattin des Scheichs (von Ḥusayn Fiḏḏa)

1. wōṯ šayxa ʿúrrabay. hanna šayxa mamlek ʿa ḳabīlća rappa w-išḳel eḥḏa. 2. aḳam ġappi ʿapta. hanna ʿapta ḳáhwağay ġappi. 3. hanna, yōma m-yumō... yōma m-yumō ṯōle, amerᵊl eććṯi: „zahhiblaḥ, battaḥ nzēḥ ʿa sayta, ʿa barra, miššōn nsayyat ġazalō". 4. aḳam hanna šayxa amerᵊl zalmōṯa: „battaḥ nzēḥ ʿa sayta". 5. zalle. awwal yōma iḏmax b-barra. 6. ṯēn yōma bil-lēlya irxap w-ʿōwet ʿa payṯi batte yiḥmell eććṯi, hī w-hanna ʿapta mā ʿammišwin. 7. aḳam ṯōle, išćḥil ʿapta iḏmex hū wᵊ-ʿyōle f-fart[1] farᵊšṯa. 8. aḳam lā aḥᵊk, ṭaʿl ḥōle w-ʿōwet hanna šayxa. 9. kámmalᵊs safᵊrti p-sayta w-ʿōwet hū w-zalmōṯa ći ʿemmi. 10. waḳćilli ʿōwet amerla l-eććṯi: „ḥmay mā īš b-anna payṯa ći šōmra līš, lummni w šuḳᵊnni". 11. amrōli: „ʿali?" amerla: „xann. hōš šizlōš laʿ tiḏōš. man mā šattrilliš la šʿōwit w-iḏa šimʿōwta nḳaṭṭeʿᵊr rayšiš". 12. aḳam zalla l-ʿa tiḏō, iṯḳan mšatterla ommṯa. 13. ću rōṣya ćʿōwet. baʿtēli ṭáššarna. 14. waḳćilli ṭáššarna, zalla šaḳlaṯ ġayri. waḳćilli šaḳlaṯ ġayri, ći kōri mett ću mbattelli. 15. aḳam zalla aʿšḳaṯ p-ḥaṣṣi ći šaḳlaćći ḥaćća. 16. islaḳ eʿla, šaḥṭil lanna sayfa, imᵊḥna w-ḳaṣṣlēla rayša. ē w-bass.

1 = *p-fart (< b-fart)*

Texte aus Maʿlūla

1. Die drei Brüder und die Hexe

von Žuryes Fransīs

1. wōṯ aḥḥaḏ xallef ṯlōṯa psūn. 2. w-hann bisinō, ameṯ abūhun w-mīṯaṯ emmun. 3. abūhun raḥeml^{ə} zʿōta, amelle: „hōs sikkīna lēx, wrāx ya eppay“. 4. aḳam hanna rappa amellun: „ḳumōn, battaḥ nzellaḥ nḳašḳeš nayṯ ḏlūḳa ḥetta nišḥan“. 5. aḳam xullun, infeḳ ṯlaṯinn. 6. hanna zʿōta ṭaʿnil lōs sikkīnča zʿōtča. 7. w-hinn sallīḳin ʿa barrīya nčḳallun eḥḏa: „ahla w-sahla, ana ḥōlčxun. ahla w-sahla b-ḥabibōyil ḥōlčxun. 8. ana ḥōlčxun, čfaḏḏlōn, bann nšuḳlenxun liʿ^{ə}l ḥetta nišwēlxun xōla w-naš^{ə}ḥnenxun w-nas^{ə}pʿenxun“. 9. aḳam miskinō zallun ʿemma. 10. allīxin, ḥawwlaṯ maʿ tarba. 11. aḳam hanna zʿōra, bess ḥawwlaṯ maʿ tarba, ḳōyem mʿammar ḳamōʿa. 12. ukkil mil mab^{ə}ʿḏa ḳalles, mʿayn, mišw ḳamōʿa ḥetta nafḏaṯ l-payṯa. 13. l-emmat nafḏaṯ l-payṯa, ʿayn hanna zʿōra, willa hanna payṯa tīḏa im^{ə}l ġirmō w-šarṭuṭō w-ḳyōmča w-ḳayyīma. 14. amell ḥunōye: „yā miskinō, hōḏ ġūlča, hōš batta čuxlennaḥ. hī ti ʿammišwōl ḥōla ḥōlčaḥ. hōš batta čuxlennaḥ“. 15. iṯḳen haṯinn bōxyin. amellun: „la čzūʿun. hōs sikkīna ʿimm. ḥīnil batta čḳattem, bann nbuʿ^{ə}žlēla ʿayna“. 16. ṯalla hī, ʿammraṯ ḳummayy banna… xifō w-amrōlun: „ḳʿōn hōxa!“ 17. amella hanna zʿōra: „lina čōza? ana bann nīxul“. 18. amrōle: „mō čbōʿ čīxul?“ 19. (amrōle) amella: „batt xarōfa. čayṯīl xarōfa w-nišw mišwi nīxul“. 20. amrōle: „apšer ʿaynax“. 21. ʿaynaṯ hōġ ġūlča xann, willa ṭarša baʿʿeḏ. 22. silḳaṯ hōġ ġūlča ḥetta čayṯēle xarōfa. 23. hatet^{ə}l lanna… ʿamīrča ti ʿammračča ġūlča ḳummayy w-mamell ḥunōye: „yalla ya ḥunōy, ar^{ə}ḥṭōn lōb ^{ə}čmar^{ə}ḥṭin“. 24. „w(r)ax, tunya massīya, lōfaš nḥōmyin“. 25. amellun: „nḥōmyin. luḥḳunn, hōš ġūlča axlōlxun“. 26. iṯḳen mallex ʿa tarbil ḳamuʿō ti šawwīlle ḥetta infaḏ l-tarba ḥaḳḳanō. amellun: „hōš lōfaš čzūʿun“. 27. inḥeč w-ḳʿōlun p-payṯun.

28. ṯēn yōma amellun: „mō minnayxun nzilli nayṯell frōšil ġūlča? hanna b-emʿa emʿa uppe ḳiršō.“ 29. „yā ḥūni, ġayyer, baṭṭel, alō yaffennax“. 30. amellun: „abatan!“ ṭaʿl lōs sikkīna w-zalle. 31. ʿayn xann – čūba. išḳel ʿemme tappusō iṯken mšakšek b-anna frōša b-ann tappusō w-b-ann mḥaṭṭō w-šulēla frōša w-iṭmar p-ḳorᵊnṯa. 32. ʿillaṯ hī čiḏmux ʿal-anna frōša, iṯḳen mġazwzilla hann. 33. yī, kamšačče w-začčačče l-elbar. ṭaʿelle hanna zʿōta w-yalla. 34. ṯēle rahṭa bē lʿa ḥunōye. amerlun: „ḥimčunn ha? hanna ayṯiččlᵊ frōšil ġūlča". 35. „w(r)ax, ex išwič?" amellun: „xann išwiṯ. šwilla tappusō w-mḥaṭṭō ḥetta začčačče. w-emḥar bann nissaḳ nayṯell ġūlča".

36. ṯēle mfaṣṣel iṯᵊr santūḳ rappin w-mišw bōn mrayōṯa rappan, mḥammellun ʿa ḥmōra w-sōleḳ. 37. minčḳēla: „ahla w-sahla p-ḥōlči, ahla w-sahla p-ḥōlči". 38. amella: „ʿaynay mō ōṯ hōxa, mō nayyīṯliš". 39. ṯalla waṭṭaṯ ʿamʿaynya p-saḥḥōrča mō ōṯ, našella m-ruġrōya w-msallečla m-misti saḥḥōrča w-msakkar aʿla w-mḥammella w-mayṯēla. 40. ṯēle ʿa blōta zōʿeḳ: „ana ayṯiččil ġūlča. ti īle čōra ġappa – wayba anik mil ḥōmya ṭefla šaḳlōle, axlōle – ti īle čōra ġappa yṯēle". 41. infeḳ marōylᵊ blōta xullun w-iṯḳen mḥaṭṭbin w-žammaʿ arpᵊʿ(a) ḥamša ṭaʿᵊn siḥō w-appullun, appullun nūra w-ayṯull lanna santūḳa ti uppe ġūlča w-začčunna b-ōn nūra. 42. ičneḥ menna. hanna mō ušme? Nuṣṣ Nṣēṣ. (amell) iṯḳen zaʿḳille... hanna ti šōṭar Nuṣṣ Nṣēṣ ti ačᵊnḥannaḥ m-ġūlča. bess.

2. Aus der Landwirtschaft

von Mṭānyus Fōḏel

(1) ḏukkṯil irbiṯ[1] *ḳalles nōb nzill ʿemmil eppay ʿa xarmō nmayṯyill ʿinbō, ṯinō nṣaṭḥillun, wōb xayra aḥsan mn-ōš*[2] *walla. (2) hanna xarma tīḏaḥ hōš ču ʿanmayṯyin menne, ṯarč sill ʿinbō bess. (3) ana nwakkītle, nībin nmišwin m-šṭōḥa ḳall wḏōyṯa nšōḳlin ʿimmaynaḥ mōya w-ṣafwṯa, w-nmišwin ḳalles mešḥa aʿla, nxalṭilla p-tanᵊḳṯa, nmayṯyill lann ʿinbō nġaṭṭillun m-mōya w-ṣafwṯa w-mešḥa, ṯōḳnin malᵊmʿin. (4) nmišwin warḳōṯa ʿal-arʿa w-nmišwillun maxramča yḏublan ḳalles. (5) yā nmišwillun pšōṯa maxramča t-tepsa, yā nmišwillun ḥamra. (6) nmaffyillun arpʿa ḥamša yūm, nmayṯyillun nʿaṣrillun. (7) ḥalle barmilōyᵊl ḥamra ḳayyōmin l-ōš ha! ḥalle hanna barmīl ḥamra ġappil eppay! (8) nʿaṣrillun nmišwin menna ḥamra w-ʿaraḳ, w-pšōṯa naxlillun*[3] *p-šičwōyṯa. (9) nḳaʿyillaḥ ḳommis sōbya naxlillun ʿemmiṯ ṯinō.*

---

1 √yrb

2 bei *hōš* „jetzt", „heutzutage" fällt nach Präpositionen das anlautende *h* aus

3 √ʾxl

(10) baʿdēn, lukkil irbiṯ ḳalles, ṯiḳniṯ nsōleḳ ʿemmiž žitt ʿa-summaḳ, w-žitt ḳayya ṭabb, miščġel p-summaḳ. (11) exmil amrillax nnōḳlin ʿa baġlō, nmayṯyiss summaḳ, warḳōṯa wayban, nmayṯyillun, ʿal-arʿa, nnakšillun ḳalles ḥetta ynukban p-šimša. (12) bess ynukban nmišwin taffa[1] *ʿemmil baġla, ṯōḳen mintar ʿlayn, nōḥčan warḳōṯa balḥōḏen. (13) anaḥ bisinō mō šaġᵊlṯaḥ atar? baġla ʿammintar, w-anaḥ ʿanlōmmin ḳiṣō, laʾann ōb bē ḳiṣō baḥar hū, ḳurmyōṯa xann rappan. (14) nlammillun nmišwillun ʿa ġappōna, ḥatta xšurīṯa uppa b-yerka xifō hī, ḥatta čmarrsell warḳōṯa p-surʿṯa. (15) atar ʿa-ṭūl iṯᵊr ṯlōṯa psūn ʿammarᵊḥṭin roḥle, lōmmin xšūra. (16) xuṣṣ*[2] *ṣayfōyṯa xann nlōmmin xšūra bess yiṯḳen naʿʿem ʿappille p-ḳurʿō w-naḳlille atar. (17) ḳommiḏ ḏayril mar sarkes wōb ētra ellel tīḏaḥ, nšammyille ētra nmišwille, l-ōxa ʿa-payṯil bē žitt. (18) payṯil bē žitt hōxa p-sōḥṯa, hōš isken bē ḏōḏ Žuryes. (19) ḏukkil ameṯ žitt nḳasmaṯ, arʿa šaḳla eppay, w-payṯa šaḳle ḏōḏ Žuryes. (20) ṯēle atar zbunō m-Ḥalab waybin. yā šaḳlille ixšen yā mōn:*[3] *battaḥ*[4] *hū naʿʿem. (21) nimʿawītin nimnaʿʿmille ʿal-ann xifō ti čḥamyillun erraʿ m-žarrṯa hōt*[5] *ti šawwīlla nōfeḳ menna mōya. (22) hann xifō ti ḥuwwūrin, hann xifōyil mattōra waybin. (23) xēfa b-leppe ḳīṣa rabṭill baġla hōxa mʿaṣṣbill ʿaynōye ḥetta hū w-ʿammintar lā yisḳaṭ b-arʿa. (24) ḥašebᵊl baʿḏe innu ʿammallex tuġray ʿa-ṭūl, hū ʿammintar ču ʿammallex tuġray, mʿaṣṣbille b-xorᵊḳṯa ʿaynōye, mō fakker l-baʿḏe innu ʿammallex tuġray, bess hū ʿammintar. (25) mōčem mintar w-anaḥ nimḥarrkin erraʿ menne, hanna xēfa ʿammaʿeṣlun ṯōḳen naʿʿem ex ġabᵊrṯa. (26) šaḳlille naḳʿill ġelta bē waybin, uxxil ġelta hanna b-tabōġča. (27) ču zlōla rīḥṯa menne w-ču ṯōḳen illa b-warḳōyṯis summaḳ. (28) hōš ixᵊčraʿ twō, hanna twō ḏukkṯil mič čišwēl l-anna naʿla p-summaḳ ʿisᵊr yūm, iṯḳen hanna twō b-ʿisᵊr w-arpaʿ šōʿ maffiḳlēḥ. (29) ommṯa čḥarrkaṯ ʿa surʿṯa, awḳef zuppōnᵊs summaḳ, awḳfaṯ arʿa. (30) čūb bess ana, felkil Maʿlūla awḳef šoġla. (31) felke yā miščaġlin b-basō yā msafīrin, yā zlillun ʿa Lubnān, yā zōbnin sayyaryōṯiš šaḥna. (32) walla wōb b-awwalča w-lā aḥḥaḏ m-Maʿlūla mawġ sayyōrča, w-lā nōfeḳ barrōyṯlᵊ blōte. (33) summaḳ awrab neʿmṯa ġappe, frittō mzappnillun z-zaʿčar, ṭaḥnillun, mappyin ḥomʿa. (34) čḥammīllun frittō īle, čūṯ aṭyab minnayn*[6] *w-čūṯ aḳwa minnayn r-ruġrō*

---

1 *taffa* heißt „Brett", gemeint ist hier aber der Dreschschlitten *ḏeffa.*

2 = *xull*

3 Der Doppelpunkt steht für den Beginn der direkten Rede: …jemand, der sagt: „…

4 = *battaynaḥ*

5 = *hōḏ*

6 = *minnayhun*

hann. (35) ti šaṯēl mōyis summaḳ, ruġrōye ex ḥatīta ṯōḳnan, w-warḳōṯa n-naʿla. (36) ḏukkil mīṯaṯ hōm maṣlaḥṯa hōḏ, lorkaʿ ēḥ šoġla bᵊ-blōta atar. (37) aṣᵊf hann xarmō, nsōlḳin p-ṣayfōyṯa nimsaʿitill eppay b-ann xarmō, nlammill lann ṯinō, lann xarmō. (38) ġappaynaḥ arʿa zʿōra xett uppa ḳalles ḏura, nlammillun xett, nġarsill ḏura, maxramča nišw bā labanīye ʿemmiḏ ḏura. (40) lorkaʿ ēḥ šoġla bᵊ-blōta banōb, awḳfaṯ, awḳfaṯ ʿa ṣayfōyṯa. (41) hanna yarḥiṣ ṣayfōyṯa nšammill ᵊhwō bē nsōlḳin, m-matᵊrsōṯa anaḥ. (42) nšammill ᵊhwō bē w-nimsaʿitill eppay b-ann arʿawōṯa bess. (43) amma zrōʿa w-ḥṣōḏa w-mō ešme lorkaʿ ōṯ.

3. Als Bäcker im Libanon während des Bürgerkriegs

von Maxōyel Pxīl

(1) yōmil wnōb nizʿur ana, wōb yaʿni anaḥ hōxa fallaḥō. (2) šattri eppay ʿa matrasṯa, ḳʿill l-ṣeffil xēmes s-sēdes m-matrasṯa. (3) bōṯar ṣeffil xēmes ṯōle ḥōl wīle forna b-Ḏemseḳ. (4) asᵊp leʿle, ōmar: čṯēx čmiščġel ġapp p-forna. (5) zlill ščaġliṯ ġappe f-forna[1] *mett ṯmōn išᵊn. (6) ʿuḏōba – wōb awwalča šoġla ʿuḏōba, laʾanna xulle mett b-īḏa, la wōṯ alyōṯa. (7) ʿuḏōba čbaḳḳinnaḥ*[2] *mett ešbaʿ ṯmōn išᵊn, baʿdēn ʿawitinnaḥ bōṯar ešbaʿ ṯmōn išᵊn m-Ḏemseḳ. (8) ṯōle aḥḥaḏ aspi ʿa Bayruč. (9) zlill ʿa Bayruč, xett ščaġliṯ, xett f-forna mett ešbaʿ ṯmōn išᵊn. (10) baʿdēn ṯill ʿawītiṯ, axtmiṯ b-žayša, axtmiṯ b-žayša eṯlaṯ išᵊn, mett eṯlaṯ išᵊn axtmiṯ b-žayša. (11) w-nībin yaʿni ḥayōṯa xulla ʿuḏōba, ṣaʿba baḥar. (12) axtmiččil ʿaskarōyṯa ʿawītiṯ zlill ʿa Lubnān. (13) bōṯar ma zlill ʿa Lubnān, ellel bōṯar žayša zabniṯ forna ana ellel. (14) zabniṯ forna, m-tayna ḳalles w-minn ḳalles zabninnaḥ forna. (15) bōṯar mil zabniččil forna awfiččiṭ ṭīme, w-ḳʿill b-Lubnān, čbaḳḳiṯ b-Lubnān mett… čbaḳḳiṯ mett ešbaʿ ṯmōn išᵊn. (16) bōṯar ešbaʿ ṯmōn išᵊn čʾahhliṯ. (17) hōḏ ičᵊṯ zlalla l-ʿa ḥunōya l-ellel, raḥmičča w-čʾahhliṯ ellel. (18) maḏḏinnaḥ arpaʿ ḥammeš išᵊn ellel, yaʿni ḥayōṯa kayyīsa. (19) wnībin ellel awwal mil čʾahhlinnaḥ nmiščġel f-forna, ġapp šaġġalō nimṭaššarᵊš šaġġōla ana, ext-ōš*[3] *nṭīl m-forna: yalla lina? yā ʿa baḥra, yā l-ōxa yā l-ōxa, ana w-Emmiž Žaržūra*[4]*. (20) yā ʿa mett maṣᵊfya, yā ʿa mett, ʿa baḥra kaza, čbaḳḳinnaḥ mett arpaʿ ḥammeš*

---

1 = *p-forna*

2 1 pl für 1 sg aus Gründen der Höflichkeit.

3 = *ext hōš*

4 *Emmiž Žaržūra* ist die Ehefrau des Sprechers, benannt nach ihrem ältesten Sohn *Žaržūra*.

iš^{ə}n xann. (21) bōṯar ḥammeš šeṯṯ iš^{ə}n iṯḳen ^{a}aḥdās[1]*. (22) ḏukkil iṯḳen ^{a}aḥdās ʿummalō ōxef, ṯiḳniṯ mann*[2] *niščġel ana w-nimʿaḏḏab, w-šaġġalō iṯḳen ḳallīlin. (23) amar urḥō ōṯ šaġġalō, urḥō čūṯ, urḥō nimʿaḏḏbin. (24) maḏḏinnaḥ iṯ^{ə}r ṯlōṯa yar^{ə}ḥ, bōṯar mett ešna, bōṯar ešna, ḥizbōy*[3] *iṯḳen xett mḏayiḳillaḥ, battayy*[4] *ʿom^{ə}lṯa: inne hačč čifṯeḥ forna w-sūray, battaḥ ʿom^{ə}lṯa.*[5] *(25) ṯiḳninnaḥ urḥō nmappyillun urḥō ču nmappyillun, w-šaʿba aṯfar, uxxul aḥḥaḏ buntḳōyṯe p-xaffṯe. (26) orḥa minnayn nčḳull bib-lēlya ellel nnaḥḥeč ana ntawwrell forna w-nīluš, ntawwrell forna w-nīluš nčḳull ḥamša šečča msallḥin, ōmar: hōš battaynaḥ ōlef warḳan. (27) lōmar ana ču niṭʿen hōš ōlef warḳan, ballšinnaḥ b^{ə}-ḳṭōla b-baʿḏinnaḥ. (28) ʿibriṯ ʿa forna, bōṯar mil ʿibriṯ ʿa forna ōmar: hōš bax*[6] *čayṯ ōlef warḳan, nyaḏaʿlax čṭōʿen ḳiršō. (29) amrille: ^{a}ġaṣ^{ə}b*[7] *^{a}ižbāri čūṯ. (30) ōṯ – čūṯ, žabḏill farta hinn, mḳawwsin aʿ^{ə}l, ana ču niṭʿen slōḥa. (31) mḳawwsin zuwwōʿa, ṯyōla ṭal^{ə}ḳṯa p-xoṯla mražīʿa ʿa riġ^{ə}r, ḥulla ha hōxa. (32) nmiṣṣōwab*[8]*, nzill ana nimsakkar^{ə}l forna, wōb Ṭōni – čimbaḳḳar^{ə}l Ṭōni? Ṭōni Taḥmuš, wōb miščġel ġapp xett. (33) ^{a}n-natīže,*[9] *sakkriččil forna w-lorkaʿ ščaġliṯ. (34) ṯōlun ḥizbōy ti maf^{ə}hmin w-kaza, ṣaliḥunnaḥ, w-ōmar: bax čiščġel! (35) amrillun: lōfaš nmiščġel. (36) ōmar: hačč bess fṭōḥ fōrna w-anaḥ nmiščaġlin. (37) ṯiḳniṯ nfaṯ^{ə}ḥlēlun forna miščaġlin, iṯḳen ḳaṭlill baʿḏinn hinn. (38) baʿdēn ʿasra yūm amriṯ: hōš batte*[10] *yšumʿun tiḏōy inne nimḳaṭṭrin ana w-ḥizbōy w-ničḳawwes w-kaza mn-ommṯa batte yūmrun... ṭaššriččun w-ṯill l-ōxa. (39) ṯill l-ōxa, ḳʿill mett šoppṯa hōxa. (40) baʿdēn mō xawwōṣa? payṯ ellel, w-furn ellel, amriṯ: mann nzill. (41) zlill. ḏukkṯiz zlill, ōmar: bax čtawwrell forna! (42) amrillun: ē, nimtawwrille. (43) tawwriččil forna, uxxmin nnōḥeč – ti ḳaṭṭriṯ ana w-hū šbōb elʿel minn – uxxmin nnōḥeč nḥamēle, iḏ^{ə}m mišṭaʿ. (44) nihōyṯil*

---

1 arab. *aḥdās* meint hier„kriegerische Auseinandersetzungen“

2 = *bann/batt*

3 Gemeint sind die Anhänger der schiitischen Hizballah.

4 Kurzform von *battayhun*

5 Weil die libanesische Währung täglich an Wert verlor.

6 = *battax*

7 arab. *ġaṣ^{ə}b* „gewaltsame Wegnahme“ mit dem folgenden arab. *ižbāri* „zwangsmäßig“ kann am besten mit „mit Gewalt und unter Zwang“ übersetzen.

8 = *nmičṣōwab*

9 arab. *n-natīže* „das Ergebnis (war)“, hat hier eher die Bedeutung „kurz und gut“

10 Kurzform von *battayhun*

amra ōmar Emmiž Žaržūra: zappēn hanna forna w-zēx nzellaḥ ʿa... (45) amrilla: bann nzill ʿa Swēd – ōmar: laʾ ʿa Maʿlūla – amrilla: ʿa Swēd – ōmar: lā ʿa Maʿlūla – amrilla: yalla ʿa Maʿlūla. (46) zapᵊllaḥᵊl forna m-mett čūle ḳīmča. (47) w-šbōb ṭūlčil ʿumᵊr nōb nmaskar ana w-hū, lubnōnay, mōrᵊl payṯa. (48) zappniččil forna w-ṭaššriččil payṯa, applille mufčḥō amrille: hann mufčḥō, čḳaʿēx p-payṯa w-čminčbahle w-ʿa farša. (49) ṯill niḳʿill hōxa ʿisᵊr yūm, willa mšattarᵊl xebra innu ḥizbōy isčaḥᵊllull[1] *payṯa. (50) exᵊt isčaḥᵊllunne čūb isčaḥᵊllunne? – ōmar isčaḥᵊllull payṯa. (51) zlill ana niḥᵊm mō waḏʿa, ḥawwliṯ l-ʿa ḥunōy ʿa Šṭōra*[2]*, ōmar: la činḥuč ʿa Bayruč! (52) ʿaya? – ōmar: ḥizbōy battayy yḳuṭlunnax – amrillun: ču ḳaṭlill w-la mett. (53) ḳaṭlillax, ču ḳaṭlillax ana nōmar ninḥuč. (54) niḥčiṯ, zlill ʿa payṯa, willa ġapp eṯlaṯ wḏōyan wnōb*[3] *w-maṭᵊpxa. (55) ḳayyīmᵊl lanna*[4] *ʿafšō xullun w-šawwīlun p-ḥaṣṣil baʿḏinn bᵊ-wḏōyṯa, w-ʾažžīrᵊl laṯinn ṯarč wḏōyan. (56) ʿaža xann išwič yā flanō? (57) ōmar: ḥizbōy ṯōlun, amrull payṯa ifᵊḏ, baḥ niḳʿēḥ bē. (58) nžabriṯ ana nžamᵊʿlēx*[5] *wʿayōṯax f-fart wḏōyṯa. (59) ᵃṭayyib*[6] *hōš mō baḥ*[7] *nišw? ana ču mann nzill. (60) wḏōyṯa f-fart wḏōyṯa bess izel akṯar m-ṯilčayy. (61) hann wʿayōṯa čiḳrīban b-ōw wḏōyṯa čḥamm ōṯ hōxa sufōyṯa w-hōxa čaxča w-hōxa xzōnča w-hōxa talfisyōn. (62) ḏukkil aybin p-fart wḏōyṯa, lōrkaʿ iḏʿič*[8] *mett. (63) ayṯinnaḥ mákanᵊš šaḥna, w-ṯinnaḥ ḥamᵊllaḥᵊl wḏōyṯa, l-wʿayōṯa w-ṯinnaḥ. (64) ōmar: ana ču nzill. ču nzill ʿa Surīya bōn. (65) ʿaya? – ōmar: ana ču nzill ʿa Surīya, nzōyaʿ. (66) amᵊrlaḥle: kōn anik baḥ...? – aḥᵊčlaḥlun*[9] *b-Taʿlabāya*[10] *ġappil ḥunōy b-ḏokkṯa xett faḏya xann mḥalla mō ušme... (67) bōṯar mil aḥᵊčlaḥlun ʿawitinnaḥ ḥamᵊllaḥlun p-sayyōrča ḥrīṯa w-ṯinnaḥ. (68) ṯinnaḥ ʿa Ḏemseḳ bōn, ṯinnaḥ ti gamārek, čmōreḳ ču čmōreḳ, amᵊrlaḥlun:*

---

1 < arab. X. Stamm *istaḥalla*

2 eine Stadt im Libanon

3 versprochen für *wnōb ġapp eṯlaṯ wḏōyan w maṭᵊpxa*

4 versprochen für *ḳayyīmᵊl lann ʿafšō*

5 II Stamm von √žmʿ mit doppeltem Objektssuffix, weil das folgende Nomen determiniert ist.

6 arab. *ṭayyib* „gut"

7 = *battaynaḥ*

8 √yḏʿ

9 IV Stamm von √nḥč

10 Dorf bei Zaḥle im Libanon

nmōrḳin? (69) ōmar: čmōreḳ hačč w-eččṯax w-mō mil ōṯ ᵃmafrūšāt[1]*, bess ᵃadawāt*[2] *ᵃkahruba'īye ču zlillun. (70) ʿaya? – ōmar: hann batte yičgamᵊrkun. (71) ē, ʿaya batte yičgamᵊrkun? – ōmar: batte yičgamᵊrkun, ṭaššrannūn! (72) ṭašᵊrlaḥᵊl... l-ġassōlča w-ᵊt-talfisyōn w-ᵊl... l-msažžalča w-hann b-gamārek, w-ayṯlaḥlᵊ kmōlča w-ṯinnaḥ. (73) zlinnaḥ atar nišwēlun mʿamalča, čbaḳḳinnaḥ mett ḥammeščaʿsar yūm ḥetta xallṣunna w-šwinnaḥ mʿamalča afᵊḳlaḥlun.*[3] *(74) mṭinnaḥ yōmᵊl baḥ naffḳenn ḳaʿprō w-žarḏanō xilill*[4] *kawžūk ti ġassōlča w-xīlin šriṭōyᵊl talfisyanō w-kaza. (75) amar ayṯlaḥlun, ṯinnaḥ l-ōxa. (76) ṯinnaḥ l-ōxa, hann payṯyōṯa waybin ʿaṭṭīlin ḳalles, amar ṣallaḥlaḥlun čbaḳḳinnaḥ mett iṯᵊr yarᵊḥ. (77) dēn*[5] *mō baḥ nišw šoġla, ōmar: zbōn tikkōna! (78) zabᵊllaḥᵊl tikkōna. (79) čbaḳḳinnaḥ mett arpaʿ ḥammeš išᵊn bā, ʿayninnaḥ čuppa šoġla kayyes, w-čimwīna lḥīḳlaḥ*[6] *w-hanna w-hanna laḥeḳlaḥ. (80) ḳaminnaḥ amrinnaḥ: nmišw mazraʿṯa nšammill hwō ḳalles. (81) zlinnaḥ šwinnaḥ mazraʿṯa, w-tikkōna.*

---

1 arab. *mafrūšāt* „Möbel“

2 arab. *adawāt kahruba'īya* „Elektrogeräte“

3 IV Stamm von √nfḳ

4 Perfekt von √'xl

5 = *baʿdēn*

6 Weil die Lebensmittelpreise in Syrien von der Regierung sehr niedrig festgesetzt werden und bei Verstößen hohe Strafen drohen.

Wörterverzeichnis

Das folgende Wörterverzeichnis enthält alle in den vorangegangenen Lektionen und Texten vorkommenden Wörter. Nur in Baxʿa und Ǧubbʿadīn vorkommende Formen sind mit B und Ǧ gekennzeichnet. Für die Anordnung gilt folgende alphabetische Reihenfolge:

ʾ/a/ā ʿ b č(ć) ḏ ḍ e/ē f g ġ h ḥ i/ī k ḳ l m n o/ō p r s š ṣ t ṯ ṭ u/ū w x y z ž(ǧ) ẓ

Verben werden in gleicher alphabetischer Reihenfolge, jedoch nach Wurzeln und mit Angabe der Wurzelkonsonanten angeordnet. Die Wurzelkonsonanten stehen in Klammern und sind fett gedruckt, so daß sich Verben leicht im Glossar erkennen lassen.

Der → gibt an, wo innerhalb des Glossars eine bestimmte Übersetzung zu finden ist oder wie das Wort in einem anderen der drei Dialekte lautet. Gelegentlich wird angegeben, an welcher Stelle im Lehrbuch ein bestimmtes Wort oder die dazugehörenden Formen behandelt werden, wobei die in Klammern stehende römische Ziffer die Lektion und die arabische Ziffer den Abschnitt bezeichnet. Die nicht eingeklammerten römischen Ziffern geben die Verbalstämme an. Der Vollständigkeit halber sind einige Wörter angegeben, die nicht in den Lektionen vorkommen, um den Vergleich mit den beiden anderen Dialekten zu ermöglichen.

ʾ/a/ā

ábatan auf jeden Fall
(**ʾfy**) II *aff/yaff*, Ğ *affay/yāf*, lassen, bewahren
(**ʾhl**) II *ahhal/yʾahhal* heiraten
ahla w-sahla willkommen
aḥḥad, Ğ *aḥḥa* einer; f. *eḥḏa*; *aḥḥaḏaʿsar*, f. *eḥḏaʿasᵊr* elf; *uxxul aḥḥaḏ* jeder
aḥsan, Ğ *aḥsa* besser; *aḥṣan mil*, B *aḥsan ma*, Ğ *aḥsa ma* besser als; *aḥsan mn-ōš* besser als jetzt
akṯar mehr
aḳwa stärker, kräftiger
Almānya, B *Almōnya*, Ğ *Almūnya* Deutschland
(**ʾlx**) II *allex/yallex* (zu Fuß) gehen (VII,3)
alyōṯa Maschinen
amma aber
(**ʾmr**) *ōmar/amar/yīmar* sagen (III,7) (XI,6); *amar* wie gesagt, sozusagen, also
amra Sache, Angelegenheit
anaḥ wir
anik → *hanik*
apšer ʿaynax dein (m) Wunsch wird erfüllt!
(**ʾpy**) II *app/yapp*, Ğ *appay/yāp* geben (X,3); *app nūra* anzünden
arʿa Erde, Land, pl. *arʿawōṯa*
arpaʿ, f. *arpʿa* vier; *arpaʿčaʿsar*, f. *arpaʿʿasᵊr* vierzehn; *irpiʿ* vierzig
(**ʾsb/ʾsp**) *asab/yīsub*, Ğ *asab/yūsub* (mit)nehmen
atar, Ğ *tōr* also
aṯra Spur, Rest
(**ʾṯy**) *ṯōle/yṯēle*, Ğ *aṯa/yīṯ* kommen (IV,4) (XIV,3) (XII,4); IV *ayṯ/yayṯ*, B *ēšeṭ/yēšeṭ*, Ğ *ayṯay/yayṯ* bringen, zur Welt bringen (V,4)
aṭfar bankrott
aṭyab besser
awrab größer, größter
awrax, B *aṭwal* länger, längster
awwal mil sobald; *awwalč* B *awwalća* früher; *awwalnō*, Ğ *awwalnūya* der erste
(**ʾxl**) *axal/yīxul* essen (wie *amar* III,7, jedoch mit Basisvokal *u* im Subjunktiv)
ayba sie ist; *aybin* sie (m.) sind, *aybin* sie (f.) sind
(**ʾzl**) *zalle/yzelle*, Ğ *zalle/yīz* gehen, weggehen (IV,4) (XIV,3) (XII,4)
(**ʾžr**) II *ʾažžer/yʾažžer* vermieten

ʿ

ʿa(l) auf, über, nach (Richtung) (IV,1)
ʿafšō Hausrat
ʿahta Vertrag, Abkommen
ʿakkūša, Ğ *ʿaččūša* junges Rind
ʿal → *ʿa; ʿala sabīl* Ğ damit, um zu
ʿali B warum; M/Ğ→*ʿaya/ʿaža*
ʿalya, ʿillō → *iʿᵊl*
ʿamīrča Gemäuer
ʿapta Sklave, Diener
ʿaraḳ Anisschnaps
ʿaskarōyṯa Militärdienst
ʿasra (f.), m *eʿsar* zehn
ʿaṭṭel verfallen, heruntergekommen, beschädigt
ʿaya warum; B → *ʿali; ʿayatt-* wegen (V,1), B → *miššōn; ʿayattil xann* deswegen
ʿayna Auge
ʿaža warum; Ğ → *ʿaya,* B → *ʿali*
(**ʿbr**) *iʿbar/yiʿbar* eintreten, hineingehen
(**ʿḏb**) II *ʿaḏḏab/yʿaḏḏab* sich anstrengen, sich abmühen
ʿemm- mit (II,2); *ʿemmil baʿḏinn,* Ğ *ʿemmi baʿḏīn* miteinander
ʿinbō Weintrauben
ʿisᵊr, ᵊisri zwanzig
(**ʿll**) *ʿillaṯ* sie trat ein
(**ʿmr**) II *ʿammar/yʿammar* bauen, errichten
ʿomᵊlṯa ausländisches Geld
ʿomra Leben, Lebensdauer, Lebensalter
(**ʿpy**) II *ʿapp, yʿapp* füllen, hineintun
ʿrōba Abend, abends
(**ʿšḳ**) IV *aʿšeḳ/yaʿšeḳ* B lieben; M → (rḥm)
(**ʿṣb**) II *ʿaṣṣeb/yʿaṣṣeb* verbinden, zubinden, umwickeln
ʿṣofra Morgen, morgens
(**ʿṣr**) *iʿṣar/yiʿṣur* auspressen
ʿuḏōba Qual, Mühe
ʿummōla Arbeiter, pl. *ʿummalō*
ʿurrōbay (V,6); B *ʿúrrabay* beduinisch, Beduine
ʿwōž(a), ʿwūžin, ʿwōğa, ʿwūğin → *iʿwuž*

(ʻwt) III *ʻōwet/yʻōwet* zurückkehren (X,3)
(ʻwž) I_7 *inʻwaž/yinʻwaž* (VII,7); B *inʻwağ/yinʻwağ* krumm werden
(ʻyny) *ʻayn/yʻayn* schauen
ʻyōla Ehefrau, Familie
(ʻzm) IV *aʻzem/yaʻzem* einladen

b

b- in, mit (Verbindung), vor stimmlosen Konsonanten: *p-* ; vor *m*: *m-* (IV, 1)
baʻʻeḏ weit, entfernt
baʻdēn dann, danach
baʻḏ̣- (Reflexivpronomen); 3.sg.m *baʻḏ̣e* sich; *b-baʻḏ̣-* miteinander, untereinander; *p-ḥaṣṣil baʻḏ̣inn* übereinander
baʻtēli, baʻtēni B dann, danach
baččar Ğ früh
baġla Maultier; pl. *baġlō*
baḥar, B *ḥayla,* Ğ *baḥer* viel
baḥra Meer
balḥōḏ- (mit Pronominalsuffixen) allein
banawb, banōb; B *bnōp* überhaupt
barmīl(a) Faß; pl. *barmilō*
barrīya, B a. *barra/barrīya* Steppe, Ödland; *barrōyṯ* außerhalb
bās Bus, pl. *basō*
bass B aber, nur; M/Ğ → *bess*
bann (1.sg.) → *batte*
batte (II,6) wollen; Ğ → *bēle*
bayṯa Ğ Haus; M, B → *payṯa*
bayyen, B *bayyan* sichtbar
(bʻḏ) II *baʻʻeḏ/ybaʻʻeḏ* sich entfernen; IV *abʻeḏ/yabʻeḏ* sich entfernen
(bʻy) *ibᵊʻ/yibᵊʻ,* Ğ *ibʻay/yibᵊʻ* wollen, wünschen
(bʻž) *ibʻaž/yibʻuž* ausstechen
bē st. constr. von → *payṯa;* → *b-* mit Pronominalsuffix 3.sg.m.
bēle Ğ (XI,5) wollen; M/B → *batte*
berča, B *berća* Tochter; pl. *bnōṯa;* Ğ *bnūṯa*
bess aber, sobald, genug, nur; B → *bass*
(bḥš) *ipḥaš/yipḥuš,* B/Ğ *ipḥaš/yupḥuš* graben
bila/billa, B *bala* ohne

bil-lēlya nachts
bisinō, B *busnō,* Ğ *busunū(ya)* pl. zu → *psōna*
bisnīṯa Mädchen
bixlin m.pl. zu → *ipxel*
(bḳr) II *baḳḳar/ybaḳḳar* kennen
(bḳy) II_2 *čbaḳḳ/yičbaḳḳ* bleiben
blōta Dorf
(blš) II *balleš/yballeš* anfangen, beginnen
bnō, Ğ *bnū(ya)* pl. zu → *ebra*
bnōṯa, Ğ *bnūṯa* pl. zu → *berča*
bōṯar nach (zeitl.); *bōṯar min/mil* nachdem
(bṭl) II *baṭṭel/ybaṭṭel* lassen, unterlassen
buntḳōyṯa Gewehr
(bxy) *ibᵊx/yibᵊx,* Ğ *ipxay/yibᵊx* weinen

č(ć)

čawma Zwillinge
Čawwōne, B *Ćawwōne* Tawwāne (Nachbarort von Ğ)
čaxča Bett
(čbr) *ičbar/yičbur* (tr.), B *ićbar/yućbur,* Ğ *ičbar/yučbur* brechen, zerbrechen; *ičbar ʿa,* B *ićbar ʿa* (zur Seite) drängen
čfaḏḏāl, pl. *čfaḏḏlōn* bitte!
či, B *ći* (Relativpartikel); → *ti*
čiḳrīban, Ğ *čaḳrīban* ungefähr; → *taḳrīban*
čimwīna **(1)** Versorgung mit Lebensmitteln, **(2)** Das Ministerium und die Behörden, die in Syrien für die Versorgung mit Lebensmitteln zuständig sind.
čixmīn, B *ćixmīn* schätzungsweise
(čmm) IV *ōčem/yōčem* bleiben, etwas weiterhin tun; *ōčem mintar* er drehte sich weiter
(čnḥ) *ičneḥ/yičneḥ* ausruhen; *ičneḥ menn-* ausruhen (von), erlöst sein (von); IV *ačneḥ/yačneḥ* erlösen, befreien
čōra Rache, Blutrache
ču/čū, B *ću/ćū* nicht (vor Präsens und Perfekt); *čūb,* B *ćūb* er ist nicht (da); (in Fragesätzen) nicht wahr?, ist es nicht so?; *čūṯ,* B *ćūṯ,* Ğ *čūyṯ* es gibt nicht; *čūle* er hat nicht; *čuppe* es gibt nicht in ihm
čuḥč-, B *ćuḥć-* unter

ḏ

ḏaxra B/Ǧ, M *ḏakar* Männchen
ḏayra Kloster, *ḏayril Mar Sarkes* das Kloster des Hl. Sergius in Maʿlūla
(ḏbl) *iḏbal/yiḏbal* trocknen, eintrocknen (intr.; Früchte)
ḏebša, B *ʿasal,* Ǧ *ḏepša* Honig
Ḏemseḳ Damaskus
ḏlūḳa Brennholz
(ḏmx) *iḏmex/yiḏmux,* B *iḏmax/yuḏmux,* Ǧ *iḏmex/yuḏmux* schlafen
ḏoččṯa Ǧ Ort, Platz; M/B *ḏokkṯa*
ḏōḏa Onkel (väterlicherseits)
ḏukkil, ḏukkṯil, ḏukkṯil mil (Konj. zeitl.) wenn, als
ḏura Mais
(**ḏwḳ**) *aḏaḳ/yīḏuḳ,* B/Ǧ *aḏaḳ/yūḏuḳ* kosten, versuchen (V,3)
ḏwōṯa pl. zu → *īḏa*

ḏ̣

ḏ̣abʿa, Ǧ *ḏ̣abᵊʿṯa* Hyäne
(ḏ̣wḳ) III *ḏ̣ōyeḳ / yḏ̣ōyeḳ* bedrängen

e/ē

ē ja
eʿsar zehn, f. *ʿasra*
ebra Sohn (III,5), pl. *bnō,* Ǧ *bnū(ya)*
eččṯa, B *eććṯa* Ehefrau, Gattin; pl. *iččawōṯa,* B *iććawōṯa;* meine Frau *ičᵊṯ*
eḏma Blut
eḥḏa eine (sg.f.); sg. m. *aḥḥaḏ*
elʿel oben; *elʿel m(n)-* oberhalb von
elbar draußen; *l-elbar* hinaus
ēle Ǧ, B *ēli* (XIV,4) er hat; M *īle; ēḥ* wir haben
ellel dort; *l-ellel* dorthin
emma Mutter (II,4)
emmat wann, *l-emmat* als, sobald
emʿa hundert; *b-emʿa emʿa* hundertprozentig
emḥar morgen
eppay → *ōbu*

erraʿ unten; *erraʿ m(n)-* unterhalb von
ešbaʿ sieben (Zahl); f. *šobʿa; šobʿačaʿsar,* f. *ešbaʿʿasᵊr* siebzehn; *šubᵊʿ* siebzig
ešma, ušma Name (VIII,2); *mō ešme/ušme?* wie heißt es?
ešna Jahr; pl. *išnō*, zpl. *išᵊn*
ētra Dreschplatz, Tenne
eṯlaṯ (m.) drei; f. *ṯlōṯa; ṯleččaʿsar,* f. *eṯlaṯʿasᵊr* dreizehn; *ṯlēṯ(i)* dreißig
eṭšaʿ; f. *ṭešʿa* neun; *ṭešʿačaʿsar,* f. *eṭšaʿʿasᵊr* neunzehn; *ṭišᵊʿ* neunzig
ex(t) wie; vor Verben *exmil: exmil amrillax* wie ich dir gesagt habe

f

fačᵊrṯa, B *faćᵊrṯa* Zeit, Zeitspanne
faḏya → *ifᵊḏ̣*
fallōḥa Bauer; pl. *fallaḥō*
faršа Einrichtung (d. Hauses), Möbel; *farᵊšṯa* Bett, Matratze
fart ein, einzig
farta Pistole
fašᵊčṯa Ǧ, M/B *fašᵊkṯa* Patrone, Kugel
felka Hälfte
(fhm) IV *afhem / yafhem* verstehen; vernünftig sein
(fkr) II *fakker/yfakker* denken
flanō Soundso
(flč) *iflač/yifluč,* B *iflać/yufluć,* Ǧ *iffač/yuffuč* herauslassen, herausbringen, freilassen
forna Backofen, Bäckerei
frittō Körner
frōša Bett, Matratze
(frṭ) *ifreṭ/yifraṭ,* B *ifraṭ/yifraṭ* sich lösen, entrollen
(fṣl) II *faṣṣel/yfaṣṣel* zurechtschneiden, zurechtzimmern
(fṯḥ) *ifṯaḥ/yifṯuḥ,* B/Ǧ *ifṯaḥ/yufṯuḥ* öffnen, eröffnen; I_7 *inᵊfṯaḥ/yinᵊfṯaḥ* geöffnet werden (VII,4)

g

gamārek Zoll
(gmrk) II *čgamrek/yičgamrek* verzollt werden

ġ

ġabrōna Mann
ġabᵊrṯa Staub
ġarḏa Sache, Ding
ġapp- bei; *ġappōna* Seite
ġassōlča Waschmaschine
ġayr außer → *ġēr*
ġazōla Reh, Gazelle
ġelta Leder
ġēr außer → *ġayr*
ġerma Knochen
ġmōʿča, B *ǧamōʿća,* Ǧ *ġmūʿča* Versammlung, Leute
(ġrs) *iġras/yiġrus* (mit der Handmühle) mahlen
(ġṭṭ) *aġaṭ/yiġġuṭ* eintauchen (X,3)
ġūlča Hexe
Ġuppaʿōḏ Ǧubbʿadīn; *Ġuppaʿḏnay* Bewohner von Ǧ
ġūrča, B *ġūrća* Loch
(ġyr) II *ġayyar/yġayyar* ändern, die Absicht ändern
(ġzwz) *ġazwez/yġazwez* stechen

h

ha (Ausruf des Triumphes) sieh da!
hačč B *haćć,* Ǧ *hāč* du (m.); pl.m. *hačxun,* B *haćxun* (c.), Ǧ *hačᵊx;* pl.f. *hačxen* ihr
hanik, anik wo; *(h)anik mil* wo auch immer
hanna dieser; pl.m. *hann(un),* B *hann* (c.), Ǧ *hān*; pl.f. *hannen* diese
hašš, Ǧ *hāš* du (f.)
haṯinn(un), B *haṯinn* (c.), Ǧ *haṯīn* jene (pl.m.); pl.f. *haṯinnen*
hī sie (f.sg.)
hinn(un), B *hinn* (c.) , Ǧ *hīn* sie (m.pl.), pl.f. *hinnen*
Hint Indien
hōḏ, Ǧ *hō(ḏ)* diese (sg.f.); B → *hōṯ*
hōš jetzt, heutzutage; (nach Präpositionen ohne anlautendes *h-*) *l-ōš* bis jetzt
hōṯ B diese (sg.f.); M *hōḏ,* Ǧ *hō(ḏ)*
hōṯa jene (sg.f.), *hōṯe* jener
hōxa, B *hōxa(n)* hier; *l-ōxa* hierher

(htt) *ahat, yihhut*, B/Ǧ *ihhat, yuhhut* einreißen, zerstören
hū er
hwō, Ǧ *hwō(ya)* Wind; *šamml*ᵊ *hwō* frische Luft schnappen, spazierengehen

ḥ

ḥabība Liebster
ḥačč, B *ḥaćć*, Ǧ *ḥāč* neu; det. *ḥačča*, B *ḥaćća*
ḥakḵōnay wirklich, richtig
Ḥalab Aleppo
ḥalle sieh da!
ḥammeš, f. *ḥamša* fünf; *ḥammeščaʿsar*, f. *ḥammešʿas*ᵊ*r* fünfzehn; *ḥim*ᵊ*š* fünfzig
ḥamra Wein
ḥarba Krieg
ḥaṣṣa Rücken; *p-ḥaṣṣ-* zusätzlich; *p-ḥaṣṣil baʿḏinn* übereinander
ḥatīta Eisen
ḥatta, ḥetta, l-ḥatta, Ǧ *l-ḥāt* bis, sogar, damit
ḥayōṯa Leben
ḥetta → *ḥatta*
ḥilwōna Trinkgeld
ḥīnil wenn, sobald
*ḥim*ᵊ*š* fünfzig
ḥizbay, pl. m. det. *ḥizbōy* Parteigenosse (V,6)
(ḥky) IV *aḥ*ᵊ*k/yaḥ*ᵊ*k*, Ǧ *aḥčay/yaḥ*ᵊ*č* sagen, sprechen
(ḥll) I_{10} *isčaḥ*ᵊ*l/yisčaḥ*ᵊ*l* sich widerrechtlich aneignen
(ḥml) II *ḥammel/yḥammel* aufladen
ḥmōra Esel
(ḥmy) *iḥ*ᵊ*m/yiḥ*ᵊ*m*, Ǧ *iḥmay/yiḥ*ᵊ*m* sehen (VI,2); *lōḥmiṯ ġayr (= la iḥmiṯ ġayr)* plötzlich sah ich
ḥōla **(1)** Onkel mütterlicherseits; *ḥōlča*, pl. *ḥalčwōṯa* Tante mütterlicherseits; **(2)** Sein, Selbst, Zustand; *ṭaʿ(ni)l ḥōle*, B *ṭaʿ(ni)l ḥōli*, Ǧ *ṭaʿni ḥōle* er machte sich auf ; B *l-ḥōl*, Ǧ *l-ḥōlay* ich allein
ḥomʿa Säure
ḥōna Bruder (III,5); pl. *ḥunō*, Ǧ *ḥunū(ya)*
ḥrēna anderer
(ḥrf) IV *aḥref/ yaḥref* antworten (*ʿa* auf)
ḥrīṯa andere (sg.f.)

(ḥrk) II *ḥarrek/yḥarrek* umrühren, durchwühlen; II_2 *čḥarrak/yičḥarrak* s. bewegen, s. entwickeln, voranschreiten

(ḥšb) *iḥšeb/yiḥšub* rechnen, denken, meinen

ḥṣōḏa Ernte

(ḥṭb) II *ḥaṭṭeb/yḥaṭṭeb* Holz hacken

ḥulla sieh da!

ḥunō, Ğ *ḥunū(ya)* pl. zu → *ḥōna*

ḥuwwar weiß

ḥūya Schlange

ḥuzna Trauer, Kummer

(ḥwl) II *ḥawwel/yḥawwel* abbiegen, abweichen, hinübergehen

(ḥyy) *iḥḥ/yiḥḥ,* Ğ *iḥḥay/yiḥḥa,* (B *ō'eš/yō'eš)* leben (II,8)

i/ī

i'ᵊl, B *'al* Ğ *'allay,* hoch (VII,2)

i'wuž, B *u'wuğ,* Ğ *u'wuž,* krumm (VI,1)

iččawōṯa, B *iććawōṯa,* pl. zu → *eččṯa*

īḏa Hand (VIII,2)

iḏa wenn

ifᵊḏ̣ leer; f. *faḏ̣ya*

ikḏum, Ğ/B *ukḏum* vor (zeitlich)

īle er hat, *wīle* er hatte; *čūle* er hatte nicht

ilfef gerollt, zusammengewickelt

illa außer, nur

imᵊl voll, gefüllt

immawōṯa, B *immahōṯa* pl. zu → *emma*

inne, innu daß, nämlich

ipxel geizig, Geiziger

irpi' vierzig

iṣ'eb schwierig; f. *ṣa'ba*

iṯᵊr, B *iṯṯar,* Ğ *iṯṯer* zwei (m.); f. → *ṯarč*

ixšen grob

iz'ur, B/Ğ → *uz'ur* klein

iz'ut klein

k

kawžūḳ Gummi
kayyes gut; f. *kayyīsa*
kaza so
(kml) II *kammel/ykammel,* Ğ *čammel/yčammel* vervollständigen, beenden; *kmōlča* Rest
(kmš) *ikmaš/yikmuš* packen, ergreifen
kōn also
kōra B, M/Ğ *ʿōṯa* Gewohnheit, Sitte, Brauch

ḳ

ḳaʿpra Maus; pl. *ḳaʿprō*
ḳabīlča, B *ḳabīlća* (Beduinen)stamm
ḳáhwažay, B *ḳáhwağay* Kaffeekoch
ḳall soviel wie
ḳallel wenig; pl. *ḳallīlin*
ḳalles ein wenig, ein bißchen
ḳamōʿa Steinhaufen
ḳatīmay, Ğ *ḳadīmay* alt
ḳayya(m) noch (vorhanden), übrig; f. *ḳayyō(m),* pl. *ḳayyōmin*
(ḳʿy) *ḳʿōle/yiḳʿēle,* Ğ *iḳʿay/yiḳ*ᵊʿ sitzen, sich setzen (IV,4) (XIV,4) (XII,3)
ḳerša Qirš (die kleinere Währungseinheit in Syrien), pl. *ḳiršō* Geld
ḳīmča Wert, *mett čūle ḳīmča* fast umsonst
ḳīṣa Stock, Ast, Zweig; pl. *ḳiṣō*
(ḳlʿ) *iḳlaʿ/yiḳluʿ,* B/Ğ *iḳlaʿ/yuḳluʿ* hinauswerfen
ḳomm- → *ḳumm-*
ḳorʿa Sack; pl. *ḳurʿō*
ḳorᵊnṯa Ecke
(ḳrṭ) IV *aḳreṭ/yaḳreṭ* zu Mittag essen, Ğ frühstücken
(ḳsm) I_7 *inᵊḳsam/yinᵊḳsam* aufgeteilt werden
(ḳšḳš) *ḳašḳeš/yḳašḳeš* kleine Stücke Brennholz aufsammeln
(ḳṣṣ) *aḳaṣ/yiḳḳuṣ,* B/Ğ *iḳḳaṣ/yuḳḳuṣ* abschneiden, abschlagen
(ḳtm) II *ḳattem/yḳattem* sich nähern
(ḳtr) IV *aḳtar/yaḳtar* können, in der Lage sein
(ḳṭʿ) II *ḳaṭṭaʿ/yḳaṭṭaʿ,* B *ḳaṭṭeʿ/yḳaṭṭeʿ* abschneiden, abtrennen

(ḳṭl) *iḳṭal/yiḳṭul,* B/Ǧ *iḳṭal/yuḳṭul* töten
ḳṭōla Schlägerei
(ḳṭr) II *ḳaṭṭar/yḳaṭṭar* streiten
ḳumm- vor (räumlich)
ḳurmōyṯa Holzklotz, Holzstück; pl. *ḳurmyōṯa*
(ḳwm) *aḳam/yīḳum,* B *aḳam/yūḳum,* Ǧ *aḳa/yūḳu* aufstehen (V,3); IV *ōḳem/yōḳem* entfernen; perf. *ḳayyem*
(ḳws) II *ḳawwes/yḳawwes* schießen; II_2 *čḳawwas/yičḳawwas* beschossen werden
ḳyōmča w-ḳayyīma Durcheinander, Tohuwabohu

l

l- für, zu (IV,l); *l-ōxa* hierher; *l-emmat* als, sobald; *l-elbar* hinaus
la/lā/laʾ/lāʾ nein, nicht (Verneinungspartikel für Präteritum und Subjunktiv)
laʾann → *liʾannu*
labanīye ein Milchgericht
lammṯa Sammlung
lakin, Ǧ *ličin* aber
lasa Ǧ aber nicht, M *lōfaš,* B *lafaš*
lēlya Nacht; *bib-lēlya* in der Nacht
leppa Herz, Mitte
(lḥḳ) *ilḥaḳ/yilḥuḳ* nachfolgen, verfolgen
liʾannu, laʾann(a) weil, denn
lina wohin
(lkš) *ilkaš/yilkuš,* B *ilkaš/yulkuš* stechen (tr.), Ǧ *inxaz/yunxuz*
(lmʿ) IV *almeʿ/yalmeʿ* glänzen
(lmm) *alam/yillum,* B/Ǧ *illam/yullum* sammeln, aufsammeln (X,2) (XII,3)
lōb wenn
lōfaš aber nicht mehr, überhaupt nicht mehr
lōḥmiṯ ġayr (= la iḥmiṯ ġayr) plötzlich sah ich
loḳᵊmṯa Happen, Bissen
lōmar aber nicht, gibt es aber nicht
lorkaʿ aber nicht mehr, überhaupt nicht mehr
Lubnān Libanon; *lubnōnay* Libanese
lukkil als, (da), wo; B *ḏokkil ma,* Ǧ *ḏuččil*
lūza Mandel, Mandelbaum
(lwš) *alaš/yīluš* Teig kneten (V,3)

m

m-/mn-/mnᵊ- (**1**) von, aus (I,2, II,2); (**2**) *m-* in (< *b,* nur vor folgendem *m*) (IV,1); (**3**) mit Elativ: als, *ak̲tar m(n)-* mehr als; mit Suff.: *menn- minn-* (II,2); *mō minnayxun* was gebt ihr mir

mā/ma B/Ǧ was (Interrogativpron.); M → *mō*

maḥzaḳḳa Ahle

mákana Auto; *mákaniš šaḥna* Lastwagen

man B wer (Interrogativpron.); *man mā* wer auch immer; M → *mōn,* Ǧ → *mūn*

manṭaḳt̲a Gegend, Gebiet, Bezirk

manzūla großes Empfangszimmer, Salon

Mar Sarkes Heiliger Sergius

massōsa Ochsenstachel

maṣᵊfya Sommerfrischeort

maṣlaḥt̲a Erwerbszweig

matrast̲a Schule; pl. *matᵊrsōt̲a*

mattōra → *xēfa*

maṭᵊpxa Küche

maxramča damit; *maxramča l-* wegen, für

mayla Seite

mazraʿt̲a Pflanzung, Plantage

mʿamalča offizielles Verfahren/Vorgehensweise

(**mʿṣ**) *imʿaṣ/yimʿuṣ* zerquetschen, zerdrücken

mbayyan berühmt, bekannt

(**mḏ̣y**) II *maḏ̣ḏ̣/ymaḏ̣ḏ̣* (Zeit) verbringen

melḥa Salz

menn- → *m-*

mešḥa Öl

metra Meter

mett, Ǧ *mēt/mīt* ein, irgendein, ungefähr, etwa; *mett…mett,* Ǧ *mīt…mīt* teils...teils, einige…andere; *xulle mett* alles; *la mett* nichts; *mett čūle ḳīmča* fast umsonst

mḥalla Platz, Ort, Stelle

mḥaṭṭa Nähnadel, Spritze

(**mḥy**) *imᵊḥ/yimᵊḥ,* Ǧ *imḥay/yimᵊḥ* schlagen (VI,2)

minn- → *m-*

miskīna Armer

misti inmitten, mitten in; *mistīḏa* Mitte

miššōn B wegen; M → *ʿayatt-*
mišwi gegrilltes Fleisch
(mlk) IV *amlek/yamlek,* Ǧ *amleč/yamleč* besitzen, beherrschen
mn-/mnᵊ- → *m-*
mō was (Interrogativpron.); B/Ǧ → *mā/ma; mō minnayxun* was gebt ihr mir; *mō mil ōṯ* was (immer) es gibt
mōn wer (Interrogativpron.); jemand; B *man,* Ǧ *mūn*; *mōn mil* wer auch immer
mōra, pl. *marō* Mann, Eigentümer
motōr B *motēr* Ǧ *motayr* Motorrad
mōya Wasser, Saft
(mrḳ) *imreḳ/yimruḳ,* B *imraḳ/yumruḳ,* Ǧ *imreḳ/yumruḳ* vorbeigehen, passieren
mrōyṯa, pl. *mrayōṯa* Spiegel
(mrs) II *marres/ymarres* ablösen, abreiben
msallaḥ bewaffnet, Bewaffneter
msažžalča Kassettenrekorder
(msy) II *mass/ymass* Abend werden
(mtt) II *mattet/ymattet* ausbreiten
(mṭy) *imᵊṭ/yimᵊṭ,* Ǧ *imṭay/yimᵊṭ* ankommen (XII,3)
mufčḥa Schlüssel; pl. *mufčḥō*
(myṯ) *ameṯ/yīmuṯ,* B *imeṯ/yūmuṯ,* Ǧ *ameṯ/yūmuṯ* sterben (II,7)

n

naʿʿem fein
naʿla Schuhe
naḍūr, B *naḍōra* Fernglas
(nʿm) II *naʿʿem/ynaʿʿem* fein machen
(nbh) I_8 *inčbah/yinčbah* aufpassen, achtgeben
neʿmṯa Gnade
(nfḏ) *infaḏ/yinfuḏ* ankommen, erreichen; II *naffeḏ/ynaffeḏ,* B *naffet/ynaffet* ankommen lassen
(nfḳ) *infeḳ/yinfuḳ,* B *infaḳ/yunfuḳ,* Ǧ *infeḳ/yuffuḳ* hinausgehen, herauskommen (IX,5); IV *affeḳ/yaffeḳ* herausholen, herausbringen, verschaffen
(nḥč) *inḥeč/yinḥuč*, B *inḥać/yunḥuć,* Ǧ *inḥeč / yuḥḥuč* hinuntergehen, hinabsteigen, abfallen (Blätter) (IX,5); IV *aḥḥeč/yaḥḥeč* abladen
nībin → *wōb*
nihōyṯa Ende

(nkb) *inkeb/yinkab* trocknen (intr.)
(nkš) *inkaš/yinkuš* ausbreiten
(nḳʿ) *inḳaʿ/yinḳuʿ* eintauchen (tr.)
(nḳl) *inḳal/yinḳul* transportieren, wegtragen
(nḳy) I_8 *inčḳi, yinčḳi,* begegnen, treffen (jemanden)
nōb → *wōb*
(nšl) *inšal/yinšul,* B *inšal/yunšul,* Ǧ *inšal/yunšul* hochheben, herausziehen
(nṭṭ) IV *ōneṭ/yōneṭ,* Ǧ *ōṭeḥ/yōṭeḥ* springen (X,2)
nūra Feuer
(nxč) *inxač/yinxuč,* B *inxać/yunxuć,* Ǧ *inxač/yunxuč* beißen
(nxs) *inxas/yinxus,* B/Ǧ *inxas/yunxus* schlachten
(nxy) I_8 *inčxi/yinčxi,* B *inćᵊx/yinćᵊx,* Ǧ *inčxay/yinčxay* sich angesprochen fühlen, (Ǧ: hinknien); (IX,7)
(nyḥ) → (čnḥ)

o/ō

ōbu Vater (m. Suff. 3.sg.m. *ōbu,* 3.sg.f. *ōbu,* 2.sg.m. *ōbux,* 2.sg.f. *ōbuš,* 1.sg. *eppay,* 3.pl.m. *abūhun,* 3.pl.f. *abūhen,* 2.pl.m. *abūxun,* 2.pl.f. *abūxen,* 1. pl. *abūnaḥ*)
ōlef tausend
ōmar → *ʾmr*
ommṯa Leute
orḥa Mal, einmal; Ǧ *xaṭrṯa; orḥa minnay(hu)n* einmal; pl. *urḥō* manchmal
ōb er ist/war → *wōb*
ōṯ, Ǧ *ōyṯ* **(1)** es gibt (I,4); **(2)** ungefähr

p

p- → *b-*
payṯa, Ǧ → *bayṯa* Haus, Zimmer, Familie; pl. *payṯyōṯa, payṯwōṯa*; st. constr. *bē; bē žitt* die Familie meines Großvaters
(pḥš) → **(bḥš)**
psōna Knabe, Junge; pl. *bisinō*; zpl. *psūn*
pšōṯa Rosinen

r

rabb, B *ōrab*, Ǧ *rāb* groß; det. *rappa;* pl. f. indet. *rappan* (VII,2)
rahṭa Rennen, Laufen; *ṯēle rahṭa* er kam gerannt
rayša Kopf
(rbṭ) *irbaṭ/yirbuṭ* festbinden
(rḏy) *irᵊḏ/yirᵊḏ*, Ǧ *irḏay/yirᵊḏ* pflügen (VI,2)
reġra (f.) (m. Suff. auch *ruġr-*), B/Ǧ *reġla* (f.) Fuß
rfīḳa Freund
(rhṭ) IV *arheṭ/yarheṭ* rennen, laufen
(rḥm) *irḥam / yirḥum*, B/Ǧ *irḥam, yurḥum* lieben
rīḥṯa Geruch
(rnḥ) IV *arnaḥ/yarnaḥ* stellen, legen, verstauen
roḥl- hinter
(rṣy) *irᵊṣ/yirᵊṣ*, Ǧ *irṣay/yirᵊṣ* wollen, einverstanden sein, zustimmen
(rxb) *irxeb/yirxab*, B *irxap/yirxap* reiten, besteigen
(rž') II *ražža'/yražža'* zurückbringen; III *rōže'/yrōže'* zurückkehren

s

safᵊrṯa Ausflug, Reise
saḥḥōrča Kiste
santūḳa Kiste, Truhe
sawxō Ǧ, M/B *siḥō* Disteln, Gestrüpp
sayfa Schwert
sayta Jagd
sayyōrča Auto; pl. *sayyaryōṯa*; *sayyōrčiš šaḥna* Lastwagen
(s't) III *sō'et/ysō'et* helfen
(sb') IV *aspe'/yaspe'* zu Essen geben, sättigen
sēdes sechster
sella Korb; zpl. *sill*
(sfr) III *sōfar/ysōfar* verreisen, im Ausland arbeiten
siḥō Disteln, Gestrüpp
sikkīna (f.), *sikkīnča* Messer
(skn) *isken/yiskun* wohnen
(skr) II *sakkar/ysakkar* schließen, verschließen; IV *askar/yaskar* sich betrinken
(sḳṭ) *isḳaṭ/yisḳaṭ* stürzen (intr.), fallen

(slč) II *salleč/ysalleč* hineinwerfen
(slḳ) *isleḳ, yislaḳ/yissaḳ* hinaufsteigen
slōḥa Waffe
(slm) II *sallem / ysallem* grüßen
slōma Gruß
(sly) Ǧ II *sallay/ysāl* sich die Zeit vertreiben; II_2 M *čsall/yičsall,* B *ćsall/yićsall* sich die Zeit vertreiben (IX,7)
sōba, B *muxćōra,* Ǧ *šayxa* Bürgermeister
sōbya Ofen (zum Heizen)
sōḥṯa Dorfplatz, freier Platz
(spʿ) → (sbʿ)
(sṭḥ) II *saṭṭaḥ/ysaṭṭaḥ* sich hinlegen; → *ṣṭḥ*
sufōyṯa Sofa
summar, B *ḥayla,* Ǧ *baḥer* viel → *baḥar*
summuḳ rot; *summaḳ* Summach (Baum, dessen Blätter z. Gerben verwendet werden)
sūray Syrer; *Surīya* Syrien
surʿṯa Geschwindigkeit; *p-surʿṯa* schnell
Swēd Schweden
(syt) II *sayyat/ysayyat,* Ǧ *sayyet/ysayyet* jagen

š

šaʿba Volk
šaʿṯa Stunde, Uhr (IV,2); zpl. *šōʿ*
šaġᵊlṯa Arbeit; *šaġġōla* Arbeiter; pl. *šaġġalō*
šahᵊrṯa, Ǧ *sahrōyṯa* Abendgesellschaft
šaḥna → *mákana, sayyōrča*
šappa Jüngling
šarṭuṭō (pl.) Lumpen, Fetzen
šayxa Scheich, Anführer (in Ǧ auch Vorbeter in der Moschee)
šbōba Nachbar
(ščḥy) *iščaḥ/yiščaḥ,* B *išćaḥ/yišćaḥ,* Ǧ *iščḥay/yiščaḥ* finden
šeṯṯ, f. *šečča* sechs; *šeččaʿsar*, f. *šeṯʿasᵊr* sechzehn; *šičč* sechzig
(šġl) I_8 *iščġel/yiščġel* arbeiten
(šhr) *išher/yišhur,* B *išhar/yušhur,* Ǧ IV *ashar/yashar* den Abend gesellig verbringen

(šḥn) *išḥen/yišḥan* sich wärmen, sich einheizen; IV *ašḥen, yašḥen* einheizen, warm machen
(šḥṭ) *išḥaṭ/yišḥuṭ*, B *išḥaṭ/yušḥuṭ*, Ğ *išbaḏ/yužbuḏ* ziehen (Schwert)
šičwōyṯa, B *šićwōyṯa* Winter
šiḳya bewässerte Gärten (I,3)
šimša (f.) Sonne (I,3)
(škšk) *šakšek/yšakšek* hineinstecken
(šḳl) *išḳal/yišḳul*, B *išḳal/yušḳul*, Ğ *asab/yūsub* nehmen, mitnehmen, heiraten
(šmʿ) *išmeʿ/yišmaʿ*, B *išmaʿ/yišmaʿ* hören
(šmm) *ašam/yiššum*, B/Ğ *iššam/yuššum* riechen, schnuppern; *šamml*ᵊ *hwō* frische Luft schnuppern, spazierengehen
(šmy) II *šamm/yšamm* nennen
šobʿa (f.), m. *ešbaʿ* sieben (Zahl); *šobʿačaʿsar*, f. *ešbaʿʿas*ᵊ*r* siebzehn; *šub*ᵊʿ siebzig
šoġla Arbeit
šoppṯa Woche
šōṭar tüchtig
šrīṭa Kabel, Band; pl. *šriṭō*
(štr) II *šattar/yšattar*, B *šatter/yšatter* schicken, senden
(šṯy) *išč/yišč* trinken; präs. *šōṯ*
(šṭʿy) *išṭaʿ/yišṭaʿ* spielen; *iḏ*ᵊ*m mišṭaʿ* ich werde wütend (wörtl. mein Blut spielt)
šṭōḥa Ausbreiten der Trauben zum Trocknen
(šwy) *išw/yišw*, B *išw/yušw*, Ğ *išway/yušw* machen, stellen, legen; *nmišwillun pšōṯa* wir machen sie (Trauben) zu Rosinen; *ʿammišwōl ḥōla ḥōlčaḥ* sie macht sich selbst zu unserer Tante, sie gibt sich als unsere Tante aus; *šulēla* er machte es ihr (*išw* mit doppeltem Objektssuffix)

ṣ

ṣaʿba → *iṣʿeb*
ṣafwṯa Asche
ṣayfōyṯa Sommer
ṣeffa Klasse (in der Schule)
(ṣfy) IV *aṣ*ᵊ*f/yaṣ*ᵊ*f* übrigbleiben
(ṣlḥ) II *ṣallaḥ/yṣallaḥ* renovieren, reparieren; III *ṣōleḥ/yṣōleḥ* versöhnen
(ṣṭḥ) *iṣṭaḥ/yiṣṭaḥ* zum Trocknen ausbreiten (Früchte oder Getreide); II *ṣaṭṭaḥ/yṣaṭṭaḥ* sich hinlegen; → *sṭḥ*
(ṣwb) VI *čṣōwab/yičṣōwab* getroffen werden (von einer Gewehrkugel)

t

tabōġča Gerberei
taffa Brett
taḳrīban ungefähr
talfisyōn Fernsehapparat; pl. *talfisyanō*
tanᵊkṯa Kanister
tappūsa Nadel, Stecknadel
tarba, B *terba* Weg
tayna Kredit
tepsa Traubenhonig
ti (Relativpartikel) → *či*
tīḏ- (Possessivpronomen); (mit Suffixen: *tīḏe, tīḏa, tīḏax, tīḏiš, tīḏ, tīḏun, tīḏen, tīḏxun, tīḏxen, tīḏaḥ*); pl. *tiḏō (*Ğ *marō)* Verwandte
tikkōna Laden
tuġray geradeaus
tunya (f.) Welt
twō Medikament, Chemikalie
(twr) II *tawwar/ytawwar* betreiben, in Betrieb setzen; I_7 *intar/yintar* sich drehen, herumgehen, im Kreis gehen

ṯ

ṯarč, B *ṯarć* (f.) zwei (m. → *iṯᵊr*); *ṯleʿsar*, f. *ṯarčʿasᵊr* zwölf
ṯawra Stier
ṯelča Drittel; *ṯilčayy* ein Drittel von ihnen
ṯelma Furche
ṯēn yōma am nächsten Tag
ṯinō Feigen
(ṯḳn) *iṯḳen/yiṯḳan* werden, entstehen, gelingen, beginnen, anfangen
ṯleʿsar → *ṯarč*
ṯlōṯa (f.); drei; m. *eṯlaṯ*; *ṯlaṯinn(un)* (sie) alle drei; *ṯlečča ʿsar,* f. *eṯlaṯʿasᵊr* dreizehn; *ṯlēṯ(i)* dreißig
ṯmōn, f. *ṯmōnya* acht (Zahl); *ṯmōnyačaʿsar*, f. *ṯmōnʿasᵊr* achtzehn; *ṯmēn* achtzig
ṯōra Ğ langsam, ein bißchen *(*M/B *ḳalles)*
ṯrāy Ğ, M/B *ṯrinn* sie (m.) beide

ṭ

ṭaʿna Last, Fuhre
ṭabʿan natürlich
ṭabb, f. *ṭōba* gut, lebendig
ṭalᵊkṯa Schuß (mit dem Gewehr); Kugel (d. Gewehrs)
ṭarša Schaf- oder Ziegenherde
ṭayra Vogel, Raubvogel
(ṭʿn) *iṭʿan/yiṭʿun,* B/Ğ *iṭʿan/yuṭʿun* tragen, bei sich tragen
ṭefla Kind
ṭešʿa (f.), m. *eṭšaʿ* neun; *ṭešʿačaʿsar,* f. *eṭšaʿʿasᵊr* neunzehn; *ṭišᵊʿ* neunzig
(ṭḥn) *iṭḥan/yiṭḥun* mahlen
ṭīma Preis, Betrag
(ṭmr) *iṭmar/yiṭmur* sich verstecken
(ṭšr) II *ṭaššar/yṭaššar,* B *ṭaššer/yṭaššer* (alleine) lassen, sich trennen (von), scheiden
ṭūla, ṭūlča Länge; *ʿa-ṭūl* immerzu; *ṭūlčil ʿomra* das ganze Leben lang

u/ū

uʿwuğ B, Ğ *uʿwuž* krumm, M → *iʿwuž*
uččum Ğ, M *ikkum,* B *ukkum* schwarz
ukkil mil immer wenn, jedesmal wenn
uḳči(l) Ğ, M *waḳčil,* B *waḳćilli* als
unṯōyṯa Weibchen
upp- (mit Pronominalsuffixen) es gibt darin
ušma → *ešma*
uxḥul Ğ, M/B *iḥᵊl* schön, gut
uxxil, uxxul jeder; *uxxul aḥḥaḏ* jeder (einzelne); *uxxmil* jedesmal wenn
uzʿur B/Ğ, M → *izʿur* klein

w

w- und
waḏʿa Lage, Situation
waḳčil, B *waḳćilli,* Ğ → *uḳčil* als
wala und nicht, und kein
waḷḷa bei Gott

warkṯa **(1)** Blatt; **(2)** syrische oder libanesische Lira; zpl. *warḳan*; pl. *warḳōṯa* Blätter, Laub

w(r)ax (Ausruf der Mißbilligung)

wayba, B *wība* sie war; *waybin* sie waren (m.), *wayban* sie waren (f.) → *wōb*

wažīha angesehener Mann

wʿayōṯa (nur pl.) Sachen

wḏ̣ōyṯa Zimmer; zpl. *wḏ̣ōyan*

(wfy) IV *awf/yawf* zurückzahlen

wīle → *īle*

willa aber, jedoch, da

(wkt) II *wakket/ywakket* versichern, zusichern

(wḳf) IV *awḳef/yawḳef* anhalten; zum Stillstand kommen (bis *ʿa*)

wōb er war (I,4); 3.sg.f. *wayba*, 3.pl.m. *waybin*, 3.pl.f. *wayban,* 2.sg.m. *čōb/wčōb,* 2.sg.f. *čība/wčība,* 2.pl.m. *čībin/wčībin,* 2.pl.f. *čīban/wčīban*, 1.sg.m. *nōb/wnōb,* 1.sg.f. *nība/wnība*; 1.pl.m. *nībin/wnībin,* 1.pl.f. *nīban/wnīban*

wōṯ, Ǧ *wōyṯ* es gab, es war

(wṭy) II *waṭṭ/ywaṭṭ* sich hinunterbeugen

x

xaffṯa Schulter

xann, Ǧ *xān* so

xarma Weinberg; pl. *xarmō*

xarōfa, pl. *xarufō* Schaf

xawwōṣa Nutzen, Vorteil

xayra Wohlergehen, Überfluß

xebra Nachricht

xēfa, pl. *xifō* Stein; *xēfil mattōra* runder Mahlstein (von Zugtieren gedreht)

xēmes fünfter

xett, Ǧ *xēt/xīt* auch

(xlf) II *xallef/yxallef* gebären, vererben, hinterlassen, I_8 *ixčlaf/yixčlaf,* B *ixćlaf/yixćlaf* sich zerstreiten (IX,6)

(xlṣ) II *xalleṣ/yxalleṣ* verzollen

(xlṭ) *ixlaṭ/yixluṭ* mischen

xōla Essen

xorḳṯa Stoffetzen

xoṯla Mauer

(xrʿ) I_8 *ixᵊčraʿ/yixčraʿ* erfinden, entwickeln
xšūra Holz; *xšurīṯa* Holzstück
(xtm) IV *axtem/yaxtem* dienen
(xṯb) *ixṯab/yixṯub,* B *ixṯap/yuxṯup,* Ǧ *ixṯab/yuxṯub* schreiben (XIII,3)
xull- all, ganz; *xullun* (sie) alle
xwōṯ-, B *ext wōṯ-,* Ǧ *xwō-* (gleich) wie
xzōnča Schrank

y

ya, yā oh; *yā…yā* entweder…oder
yaʿni das heißt (oft bedeutungsloses Füllwort)
yalla! los! auf geht's!
yarḥa Monat; zpl. *yarᵊḥ*
(yḏʿ) *iḏeʿ/yiḏeʿ* wissen, kennen
yerka Unterseite
yī oh weh!
yīb, Ǧ *ib* (Kond.-Partikel) (VII,1)
yōma Tag; *ṯēn yōma* am nächsten Tag; zpl. *yūm; yōmil wnōb nizʿur* als ich noch klein war
(yrb) *ireb/yīrab* wachsen, größer werden

z

zaʿčar eine Gewürzmischung, hauptsächlich mit Thymian
zaʿla Zorn, Kummer
zalᵊmṯa Mann; pl. *zalmōṯa,* Ǧ *zalmūṯa*
zamōna, Ǧ *zamūna* (vergangene) Zeit
(zʿḳ) *izʿaḳ/yizʿuḳ* rufen, schreien
zʿōr(a), zʿūrin → *izʿur*
(zbn) *izban/yizbun* kaufen (um/für *b-*); II *zappen/yzappen* verkaufen (um/für *b-*)
zbūna Kunde, Käufer
(zčč) *azač/yizzuč* werfen
(zhb) II *zahheb/yzahheb* Wegzehrung geben, mit Proviant versehen
(zpn) → **(zbn)**
zrōʿa Saat
zuppōna Verkauf
zuwwōʿa Angstmachen; Einschüchterung

(zwʿ) *azaʿ/yīzuʿ* sich fürchten, Angst haben (V,3)
(zxm) II *zaxxam/yzaxxam;* B II_2 *ćzaxxam/yićzaxxam* eilen, beschleunigen, verstärken

ž(ğ)

žarḏōna Ratte; pl. *žarḏanō*
žarrṯa großer Tonkrug
Žaržūra Georg
žayša Armee
(žbḏ) *ižbaḏ/yižbuḏ* ziehen
(žbr) I_7 *inᵊžbar/yinᵊžbar,* B *inᵊğbar/yinᵊğbar* müssen, Pflicht sein, gezwungen sein
žetta Großvater
(žmʿ) II *žammaʿ/yžammaʿ* zusammentragen, sammeln; I_8 *iždmaʿ/yiždmaʿ,* B *iğᵊćmaʿ/yiğᵊćmaʿ* sich versammeln (IX,6)
žōles, B *ğōles* richtig
Žuryes Georg

ẓ

ẓarfa Briefumschlag

Deutscher Index zum Wörterverzeichnis

A

abbiegen **(ḥwl)**

Abend, abend *ʿrōba;* Abend werden **(msy)**; Abend verbringen **(šhr)**; Abendgesellschaft *šahᵊrṯa*

aber *lakin, bess, amma, willa;* B *bass, lakin;* aber nicht M *lōmar,* Ğ *lasa;* aber nicht mehr *lōfaš, lorkaʿ*

abfallen (Blätter) **(nḥč)**; abladen **(nḥč)**

Abkommen *ʿahta*

ablösen **(mrs)**

abmühen (sich) **(ʿḏb)**; abschlagen **(ḳṣṣ)**; abschneiden **(ḳṣṣ), (ḳṭʿ)**

abreiben **(mrs)**

Absicht ändern **(ġyr)**

acht (Zahl) *ṯmōn,* f. *ṯmōnya*; achtzehn *ṯmōnyačaʿsar*, f. *ṯmōnʿasᵊr*; achtzig *ṯmēn*

achtgeben **(nbh)**

Ahle *maḥzaḳḳa*

Aleppo *Ḥalab*

alle (sie alle) *xullun*; alles *xulle mett*

allein *ḥōla, balḥōḏ;* alleine lassen **(ṭšr)**

als (temporal) *lukkil, ḏukkil, ḏukkṯil, yōmil, waḳčil, l-emmat,* B *waḳćilli,* Ğ *uḳči(l);* mit Elativ *m(n)-*: *akṯar m(n)-* mehr als; also *kōn, atar* **(ʾmr)**

alt *ḳatīmay*

andere (f.sg.) *ḥrīṯa*, anderer *ḥrēna;* ändern (Absicht) **(ġyr)**

aneignen (widerrechtlich) **(ḥll)**

anfangen **(blš)**, **(ṯḳn)**

Anführer *šayxa*

angesprochen fühlen (sich) **(nxy)**

Angelegenheit *amra*

angesehener Mann *wažīha*
Angst haben **(zwʿ)**, Angstmachen *zuwwōʿa*
anhalten **(wḳf)**
Anisschnaps *ʿaraḳ*
ankommen **(mṭy), (nfḏ)**; ankommen lassen **(nfḏ)**
anstrengen (sich) **(ʿḏb)**
antworten **(ḥrf)**
anzünden **(ʾpy)**
Arbeit *šaġᵊlṯa, šoġla;* arbeiten **(šġl)**; im Ausland arbeiten **(sfr)**; Arbeiter *ʿummōla, šaġġōla*
Armee *žayša*
Armer *miskīna*
Asche *ṣafwṯa*
Ast *ḳīsa*
auch *xett,* Ğ *xēt;* wo auch immer *(h)anik mil*
auf *ʿa;* auf geht's! *yalla;* aufladen **(ḥml)**; aufsammeln (Brennholz) **(kškš)**; aufstehen **(ḳwm)**; aufpassen **(nbh)**; aufgeteilt werden **(ḳsm)**
Auge *ʿayna*
ausbreiten **(mtt)**, **(nkš)**; Früchte zum Trocknen ausbreiten **(ṣṭḥ)**; Ausbreiten der Trauben zum Trocknen *šṭōḥa*
außer *ġēr, illa;* außerhalb *barrōyṯ*
Ausflug *safᵊrṯa*
ausgeben (sich als jd.) **(šwy)**; auspressen **(ʿṣr)**; ausruhen **(čnḥ)**
ausländisches Geld *ʿomᵊlṯa*
ausstechen **(bʿž)**
Auto *mákana, sayyōrča*

B

Backofen, Bäckerei *forna*
Band *šrīṭa*
bankrott *aṭfar*
bauen **(ʿmr)**
Bauer *fallōḥa*
bedrängen **(ḏwḳ)**
Beduine, beduinisch *ʿurrōbay,* B *ʿúrrabay;* Beduinenstamm *ḳabīlča,* B *ḳabīlća*
beenden **(kml)**
befreien **(čnḥ)**

beginnen **(ṯḳn)**, **(blš)**

beherrschen **(mlk)**

bei *ġapp-;* bei Gott *waḷḷa*

beide; sie beide Ğ *ṯrāy*

beißen **(nxč)**

Beirut *Bayruč*

bekannt, berühmt *mbayyan*

beschädigt *ʿaṭṭel*

beschossen werden **(ḳwṣ)**

besitzen **(mlk)**

besser *aṭyab;* besser als *aḥsan mil,* B *aḥsan ma,* Ğ *aḥsa ma*

besteigen (Bus, Reittier) **(rxb)**

Betrag *ṭīma*

betreiben **(twr)**

betrinken (sich) **(skr)**

Bett (Matratze und Bettzeug) *farᵊšṯa;* mit Holzgestell *čaxča*

bewaffnet, Bewaffneter *msallaḥ*

bewahren **(’fy)**

bewässerter Garten *šiḳya*

bewegen (sich) **(ḥrk)**

Bezirk *manṭaḳṯa*

bis *ḥatta*

bißchen M *ḳalles*; Ğ *ṯōra*

Bissen *loḳᵊmṯa*

bitte! *čfaḏ̣ḏ̣āl!*

Blatt *warḳṯa*

bleiben **(čmm), (bḳy)**

Blut *eḏma*; Blutrache *čōra*

Brauch *kōra*

brechen (tr.) **(čbr)**

Brennholz *ḏlūḳa*; Brennholz sammeln **(ḳšḳš)**

Brett *taffa*

bringen **(’ṯy)**

Bruder *ḥōna*

Bürgermeister *sōba*

Bus *bās*

C

Chemikalie *twō*

D

Damaskus *Ḏemseḳ*
damit *‘ala sabīl, ḥatta, maxramča*
danach *ba‘dēn*, B *ba‘tēli*
darin (es gibt darin) *uppe*
daß *innu, inne*
denken **(fkr)**, **(ḥšb)**
denn *li’annu*
deswegen *‘ayattil xann*
Deutschland *Almānya*, B *Almōnya*, Ǧ *Almūnya*
dienen **(xtm)**; Diener *‘apta*
diese (sg.f.) *hōḏ*, B *hōṯ*, Ǧ *hō(ḏ)*; diese (pl.m.) *hann(un)*, Ǧ *hān*, diese (pl.f.) *hann(en)*; dieser *hanna*
Ding *ġarḏ̣a*
Disteln *siḥō*, Ǧ *sawxō*
Dorf *blōta*; Dorfplatz *sōḥṯa*
dort *ellel*; dorthin *l-ellel*
drängen (zur Seite) **(čbr)**
draußen *elbar*
drehen (sich) **(twr)**
drei *eṯlaṯ* (m.), f. *ṯlōṯa*; alle drei *ṯlaṯinn(un)*; dreizehn *ṯlečča‘sar*, f. *eṯlaṯ‘asᵊr*; dreißig *ṯlēṯ(i)*
Dreschplatz *ētra*
Drittel *ṯelča*
du (m.) *hačč*, B *haćć*, Ǧ *hāč*; du (f.) *hašš,*; Ǧ *hāš*
durch *b-*; Durcheinander *ḳyōmča w-ḳayyīma*
durchwühlen **(ḥrk)**

E

Ecke *ḳorᵊnṯa*
Ehefrau *eččṯa*, B *eććṯa*, *‘yōla*
Eigentümer *mōra*
eilen **(zxm)**

ein (irgendein) *mett,* Ğ *mēt;* ein (einzig) *fart;* eine *eḥḏa;* einer *aḥḥaḏ,* Ğ *aḥḥa;* einige *mett*
einheizen **(šḫn)**
einladen **(ʿzm)**
einmal *orḥa*
einreißen (zerstören) **(htt)**
Einrichtung (d. Hauses) *farša*
Einschüchterung *zuwwōʿa*
eintreten **(ʿll)**, **(ʿbr)**, eintauchen **(nḳʿ)**, **(ġṭṭ)**
einverstanden sein **(rṣy)**
einzig *fart*
Eisen *ḥatīta*
elf *aḥḥaḏaʿsar*, f. *eḥḏaʿasᵊr*
Empfangszimmer *manzūla*
Ende *nihōyṯa*
entfernen **(ḳwm)**; sich entfernen **(bʿḏ)**; entfernt *baʿʿeḏ*
entrollen **(frṭ)**
entstehen **(ṯḳn)**
entweder…oder *yā…yā*
entwickeln (erfinden) **(xrʿ)**
er *hū*
Erde *arʿa*
erfinden **(xrʿ)**
ergreifen **(kmš)**
erlösen **(čnḥ)**; erlöst sein **(čnḥ)**
Ernte *ḥṣōḏa*
erreichen **(nfḏ)**
erste (der) *awwalnō,* Ğ *awwalnūya*
erzählen **(ḥky)**
Esel *ḥmōra*
essen **(ʾxl)***;* zu Essen geben **(sbʿ)**, (zu Mittag) essen M/B **(ḳrṭ)**; Essen *xōla*
etwas *mett,* Ğ *mēt*

F

Fall (auf jeden Fall) *ábatan*
fallen **(sḳṭ)**
Familie *ʿyōla, payṯa*

Faß *barmīl(a)*
fast umsonst *mett čūle ḳīmča*
Feigen *ṯinō*
fein *na‘‘em*; fein machen **(n‘m)**
Fernglas *naḍūr*
Fernsehapparat *talfisyōn*
festbinden **(rbṭ)**
Fetzen (pl.) *šarṭuṭō*
Feuer *nūra*
finden **(ščḥy)**, B **(šćḥy)**
Fleisch (gegrilltes Fleisch) *mišwi*
Freund *rfīḳa*
früh Ğ *baččar;* früher *awwalča;* B *awwalća*
frühstücken Ğ **(ḳrṭ)**
Fuhre *ṭa‘na*
füllen **(‘py)**
fünf *ḥammeš*, f. *ḥamša;* fünfter *xēmes*; fünfzehn *ḥammešča‘sar*, f. *ḥammeš‘asᵊr*; fünfzig *ḥimᵊš*
für *l-*, *maxramča l-*
Furche *ṯelma*
fürchten (sich) **(zw‘)**
Fuß *reġra*, B/Ğ *reġla*

G

Garten (bewässert) *šiḳya*
Gattin *eččṯa*, B *eććṯa*
Gazelle *ġazōla*
gebären **(xlf)**
geben **(’py)**; es gab/war *wōṯ*, Ğ *wōyṯ*; es gibt *ōṯ*, Ğ *ōyṯ*; es gibt darin *uppe*; es gibt nicht *čūṯ*, B *ćūṯ*, Ğ *čūyṯ;* was gebt ihr mir? *mō minnayxun*
Gebiet *manṭaḳṯa*
gefüllt *imᵊl*
Gegend *manṭaḳṯa*
gehen (weggehen) **(’zl)**; (zu Fuß) gehen **(’lx)**; auf gehts! *yalla!*
geizig, Geiziger *ipxel*
Geld *ḳiršō;* ausländisches Geld *‘omᵊlṯa*
gelingen **(ṯḳn)**

Gemäuer *ʿamīrča*
genug *bess*
Georg *Žuryes, Žaržūra*
geradeaus *tuġray*
Gerberei *tabōġča*
gerollt *ilfef*
Geruch *rīḥṯa*
Geschwindigkeit *surʿṯa*
Gestrüpp *siḥō,* Ğ *sawxō*
getroffen werden (von einer Gewehrkugel) **(ṣwb)**
Gewehr *buntḳōyṯa*; Gewehrkugel *ṭalᵊḳṯa*
Gewohnheit *kōra*
gezwungen sein **(žbr)**
glänzen **(lmʿ)**
Gnade *neʿmṯa*
graben **(bḥš)**
grob *ixšen*
groß *rabb,* Ğ *rāb;* größer, größter *awrab;* größer werden **(yrb)***;* Großvater *žetta*
Gruß *slōma;* grüßen **(slm)**
Gummi *kawžūḳ*
gut *kayyes, iḥᵊl, ṭabb*, Ğ *čayyes, uxḥui*

H

haben (er hat) M *īle*, B *ēli,* Ğ *ēle;* er hat nicht *čūle*
hacken (Holz) **(ḥṭb)**
Hälfte *felka*
Hand *īḏa*
Happen *loḳᵊmṯa*
Haus *payṯa,* Ğ *bayṯa;* Hausrat *ʿafšō*
heiraten **(šḳl)**, **(ʾhl)**
helfen **(sʿt)**
herausbringen **(flč)**, **(nfḳ)**, B **(flć)**; herauskommen **(nfḳ)**; herauslassen **(flč)**, B **(flć)**; herausziehen **(nšl)**
herumgehen **(twr)**
heruntergekommen (verfallen) *ʿaṭṭel*
Herz *leppa*
Hexe *ġūlča*

hier *hōxa,* B *hōxa(n);* hierher *l-ōxa*

hinabsteigen **(nḥč)**, B **(nḥć)**

hinaufsteigen **(slḳ)**

hinaus *l-elbar*; hinausgehen **(nfḳ)**; hinauswerfen **(ḳlʿ)**

hineinstecken **(škšk)**; hineinwerfen **(slč)**; hineintun **(ʿpy)**; hineingehen **(ʿbr)**

hinlegen (sich) **(sṭḥ)**, **(ṣṭḥ)**

hinter *roḥl-*

hinterlassen **(xlf)**

hinübergehen **(ḥwl)**

hinuntergehen **(nḥč)**, B **(nḥć)**; hinunterbeugen (sich) **(wṭy)**

hoch *iʿᵊl;* hochheben **(nšl)**

Holz *xšūra*; Holzstück *xšūrīṯa*; Holzklotz *ḳurmōyṯa*; Holz hacken **(ḥṭb)**

Honig *ḏebša*

hören **(šmʿ)**

hundert *emʿa,* hundertprozentig *b-emʿa emʿa*

Hyäne *ḍabʿa,* Ğ *ḍabᵊʿṯa*

I

ich *ana*

ihr (pl.m.) *hačxun,* B *haćxun,* Ğ *hačᵊx;* (pl.f.) *hačxen*

immer (immer wenn) *ukkil mil,* wo auch immer *(h)anik mil;* immerzu *ʿa-ṭūl*

in *b-;* (vor *m*) *m-*

Indien *Hint*

inmitten *misti*

irgendein *mett,* Ğ *mēt*

J

ja *ē*

Jagd *sayta;* jagen **(syt)**

Jahr *ešna*

jeder *uxxil, uxxul*; jedesmal wenn *ukkil mil, uxxmil*

jedoch *willa*

jemand *mōn*

jene (sg.f.) *hōṯa;* (pl.m.) *haṯinn(un),* Ğ *haṯīn;* (pl.f.) *haṯinn(en);* jener *hōṯe*

jetzt *hōš*; bis jetzt *l-ōš*

jung *izʿur;* Junge *psōna;* junges Rind *ʿakkūša*

Jüngling *šappa*

K

Kabel *šrīṭa*
Kaffeekoch *ḳáhwažay*, B *ḳáhwağay*
Kanister *tanᵊkṯa*
Kassettenrekorder *msažžalča*
kaufen **(zbn)**; Käufer *zbūna*
kein *wala*
kennen **(bḳr), (yḏʿ)**
Kind *ṭefla*
Kiste *santūḳa, saḥḥōrča*
Klasse (in der Schule) *ṣeffa*
klein *izʿur, izʿut;* B/Ğ *uzʿur*
Kloster *ḏayra*
Knabe *psōna*
kneten (Teig) **(lwš)**
Knochen *ġerma*
kommen **(ʼṯy)**
können **(ḳtr)**
Kopf *rayša*
Korb *sella*
Körner *frittō*
kräftiger *aḳwa*
Kredit *tayna*
Krieg *ḥarba*
Krug *žarrṯa*
krumm *iʿwuž,* B *uʿwuğ,* Ğ *uʿwuž;* krumm werden **(ʿwž)**, B **(ʿwğ)**
Küche *maṭᵊpxa*
Kugel (Patrone) *ṭalᵊḳṯa, fašᵊkṯa,* Ğ *fašᵊčṯa*
Kummer *ḥuzna, zaʿla*
Kunde *zbūna*

L

Laden *tikkōna*
Lage (in der Lage sein) **(ḳtr)**
Land (Erdboden, Grundstück) *arʿa*
Länge *ṭūla, ṭūlča;* länger *awrax*
langsam Ğ *ṯōra*

lassen **(ṭšr)**; (unterlassen) **(bṭl)**; (bewahren) **(’fy)**
Last (Traglast) *ṭaʿna;* Lastwagen *mákaniš šaḥna, sayyōrčiš šaḥna*
laufen **(’lx)**, **(rhṭ)**
Leben *ḥayōṯa*; Lebensdauer *ʿomra;* lebendig *ṭabb,* f. *ṭōba*
Leder *ġelta*
leer *ifᵊḏ*
legen (hinlegen) **(rnḥ)**, **(šwy)**
Leute *ġmōʿča, ommṯa*
Libanon *Lubnān*; Libanese *lubnōnay*
lieben **(rḥm)**, B **(ʿšḳ)**; Liebster *ḥabība*
Lira (syrische und libanesische) *warḳṯa*
Loch *ġūrča,* B *ġūrća*
los! *yalla!*
lösen (sich) **(frṭ)**
Lumpen (pl.) *šarṭuṭō*

M

machen **(šwy)**
Mädchen *bisnīṯa*
mahlen **(ġrs)**, **(ṭḥn)**; Mahlstein *xēfa*
Mais *ḏura*
Mal *orḥa*
Mandel(baum) *lūza*
Mann *ġabrōna, zalᵊmṯa, mōra;* (angesehener Mann) *wažīha;* Männchen *ḏaxra*
Maschinen *alyōṯa*
Matratze *farᵊšṯa, frōša*
Mauer *xoṯla*
Maultier *baġla*
Maus *ḳaʿpra*
Medikament *twō*
Meer *baḥra*
mehr *akṯar*; überhaupt nicht mehr *lōfa, lorkaʿ*
meinen **(ḥšb)**
Messer *sikkīna, sikkīnča*
Meter *metra*
Milchgericht *labanīye*
Militärdienst *ʿaskarōyṯa*

mischen **(xlṭ)**
mit *ʿemm-, b-;* miteinander *ʿemmil baʿḏ̣inn;* mitnehmen **(ʾsb)**, **(šḳl)**
Mittag (essen) **(ḳrṭ)**
Mitte *mistīḏa, leppa;* mitten in *misti*
Möbel *farša*
Monat *yarḥa*
Morgen, morgens *ʿṣofra;* morgen *emḥar*
Motorrad *motōr,* B a. *motēr/motōr,* Ǧ *motayr*
Mühe *ʿuḏōba*
müssen **(žbr)**, B **(ğbr)**
Mutter *emma*

N

nach (Richtung) *ʿa;* (zeitl.) *bōṯar;* nachdem *bōṯar min;* nachfolgen **(lḥḳ)**
Nachbar *šbōba*
Nachricht *xebra*
Nacht *lēlya;* nachts *bil-lēlya*
nächster (am nächsten Tag) *ṯēn yōma*
Nadel (Nähnadel) *mḥaṭṭa;* (Stecknadel) *tappūsa*
nähern (sich) **(ḳtm)**
Nähnadel *mḥaṭṭa*
Name *ešma*
natürlich *ṭabʿan*
nehmen **(ʾsb)**, **(šḳl)**
nein *la, lā, laʾ, lāʾ*
nennen **(šmy)**
neu *ḥačč,* B *ḥaćć,* Ǧ *ḥāč*
neun *eṭšaʿ,* f. *ṭešʿa*; neunzehn *ṭešʿačaʿsar,* f. *eṭšaʿʿasᵊr*; neunzig *ṭišᵊʿ*
nicht *la, ču,* B *ću;* aber nicht M *lōmar,* Ǧ *lasa;* er ist nicht *čūb,* B *ćūb;* es gibt nicht *čūṯ,* B *ćūṯ,* Ǧ *čūyṯ*; und nicht *wala;* überhaupt nicht mehr *lōfaš*
noch (vorhanden) *ḳayyam*
nur *illa, bess,* B *bass*
Nutzen *xawwōṣa*

O

oben *elʿel*; oberhalb von *elʿel m(n)-*
Ochsenstachel *massōsa*

Ödland *barrīya,* B a. *barra*
Ofen (zum Heizen) *sōbya*; Backofen *forna*
öffnen **(fṯḥ)**
Oh! *ya! yā!*; Oh weh! *yī!*
ohne *bila*
Öl *mešḥa*
Onkel (väterlicherseits) *ḏōḏa*; (mütterlicherseits) *ḥōla*
Ort *ḏokkṯa, mḥalla;* Ǧ *ḏoččṯa*

P

packen (ergreifen) **(kmš)**
Parteigenosse *ḥizbay*
passieren (vorbeigehen) **(mrḳ)**
Patrone *fašᵊkṯa,* Ǧ *fašᵊčṯa*
Pflanzung *mazraʿṯa*
Pflicht sein **(žbr)**, B **(ǧbr)**
pflügen **(rḏy)**
Pistole *farta*
Plantage *mazraʿṯa*
Platz *ḏokkṯa, mḥalla,* Ǧ *ḏoččṯa;* freier Platz *sōḥṯa*
plötzlich (sah ich) Ǧ *lōḥmiṯ ġayr*
Preis *ṭīma*
Proviant (mit Proviant versehen) **(zhb)**

Q

Qirš *ḳerša*
Qual *ʿuḏōba*

R

Ratte *žarḏōna*
Raubvogel *ṭayra*
rechnen **(ḥšb)**
Reh *ġazōla*
Reise *safᵊrṯa*
reiten **(rxb)**
rennen **(rhṭ)**
renovieren, reparieren **(ṣlḥ)**

Rest *aṯra, kmōlča*
richtig *žōles,* B *ğōles;* (wirklich) *ḥaḳḳōnay*
riechen **(šmm)**
Rind (junges) *ʿakkūša*
Rosinen *pšōṯa*
rot *summuḳ*
Rücken *ḥaṣṣa*
rufen **(zʿḳ)**

S

Saat *zrōʿa*
Sache (Gegenstand) *ġarḏa, wʿayōṯa;* (Angelegenheit) *amra*
Sack *ḳorʿa*
Saft *mōya*
sagen **(ʾmr)**, **(ḥky)**
Salon *manzūla*
Salz *melḥa*
sammeln **(lmm)**, **(žmʿ)**, **(kškš)**; Sammlung *lammṯa*
sättigen (jmdn) **(sbʿ)**
Säure *ḥomʿa*
Schaf *xarōfa;* Schaf- oder Ziegenherde *ṭarša*
schätzungsweise *čixmīn*
schauen **(ʿyny)**
Scheich *šayxa*
scheiden **(ṭšr)**
schicken **(štr)**
schießen **(ḳws)**
schlachten **(nxs)**
schlafen **(ḏmx)**
schlagen **(mḥy)**; Schlägerei *ḳṭōla*
Schlange *ḥūya*
schließen (tr.) **(skr)**
Schlüssel *mufčḥa*
schnell *p-surʿṯa*
schnuppern **(šmm)**
schön *iḥᵊl,* Ğ *uxḥul*
Schrank *xzōnča*

schreiben **(xṯb)**, B **(xṯp)**
schreien **(zʿḳ)**
Schuhe *naʿla*
Schule *matrasṯa*
Schulter *xaffṯa*
Schuß (d. Gewehrs) *ṭalᵊḳṯa*
schwarz *ikkum,* B *ukkum,* Ğ *uččum*
Schweden *Swēd*
Schwert *sayfa*
schwierig *iṣᵊeb*
sechs *šeṯṯ,* f. *šečča*; sechster *sēdes;* sechzehn *šeččaʿsar*, f. *šeṯʿasᵊr*; sechzig *šičč*
sehen **(ḥmy)**; sieh da! *ḥalle, ḥulla*
Sein *ḥōla;* sein (es gibt/war) *ōṯ/wōṯ,* Ğ *ōyṯ/wōyṯ;* sein (er/sie ist) *ōb/ayba*, (er/sie war) *wōb/wayba;* B *wōb/wība;* Possesivpronomen *tīḏ-*
Seite *ġappōna, mayla;* zur Seite drängen **(čbr)**, B **(ćbr)**
Selbst *ḥōla*
senden **(štr)**
Sergius *Sarkes;* Hl. Sergius *Mar Sarkes*
setzen (sich) **(ḳʿy)**
sich (Reflexivpronomen) 3.sg.m. *baʿḏ̣e*
sichtbar *bayyen,* B *bayyan*
sie (sg.f.) *hī;* (pl.m.) *hinn(un),* Ğ *hīn;* (pl.f.) *hinn(en)*
sieben (Zahl) *ešbaʿ*, f. *šobʿa;* siebzehn *šobʿačaʿsar*, f. *ešbaʿʿasᵊr*; siebzig *šubᵊʿ*
Sitte *kōra*
Situation *waḏ̣ʿa*
sitzen **(ḳʿy)**
Sklave *ʿapta*
so *xann, kaza,* Ğ *xān*; sobald *l-emmat, ʾawwal mil, bess, ḥīnil*; so viel wie *ḳall;* sogar *ḥatta, ḥetta;* sozusagen **(ʾmr)**
Sofa *sufōyṯa*
Sohn *ebra*
Sommer *ṣayfōyṯa*; Sommerfrischedorf *maṣᵊfya*
Sonne *šimša*
Soundso *flanō*
Spiegel *mrōyṯa*
spielen **(šṭʿy)**

sprechen **(ḥky)**

springen **(nṭṭ)**

Spritze (med.) *mḥaṭṭa*

Spur *aṯra*

stärker *aḳwa*

Staub *ġab^{ə}rṯa*

stechen (tr.) **(lkš)**, **(ġzwz)**

Stecknadel *tappūsa*

Stein *xēfa*; Steinhaufen *ḳamōʿa*

Stelle *mḥalla*; stellen **(rnḥ)**, **(šwy)**

Steppe *barrīya,* B a. *barra*

sterben **(myṯ)**

Stier *ṯawra*

Stock (aus Holz) *ḳīsa*

Stoffetzen *xorḳṯa*

streiten **(ḳṭr)**

Stunde *šaʿṯa*

stürzen **(sḳṭ)**

Summach *ṣummaḳ*

Syrer *sūray*; Syrien *Surīya*

T

Tag *yōma*; am nächsten Tag *ṯēn yōma*

Tante *ḥōlča*

tausend *ōlef*

Teig kneten **(lwš)**

teils *mett*

Tenne *ētra*

Thymian *zaʿčar*

Tochter *berča,* B *berća*

Tohuwabohu *ḳyōmča w-ḳayyīma*

Tonkrug *žarrṯa*

töten **(ḳṭl)**

tragen **(ṭʿn)**

transportieren **(nḳl)**

Trauben *ʿinbō*; Traubenhonig *tepsa*

Trauer *ḥuzna*

treffen (begegnen) **(nḳy)**
trennen (sich) **(ṭšr)**
trinken **(šṯy)**; Trinkgeld *ḥilwōna*
trocknen **(nkb)**; (Früchte) **(ḏbl)**; zum Trocknen ausbreiten **(ṣṭḥ)**
Truhe *santūḳa*
tüchtig *šōṭar*

U

über *ʿa;* überhaupt *banawb, banōb;* überhaupt nicht mehr *lōfaš, lorkaʿ;* übereinander *p-ḥaṣṣil baʿḏinn*; Überfluß *xayra*
übrig *ḳayyam;* übrigbleiben **(ṣfy)**
Uhr *šaʿṯa*
um zu *ʿala sabīl*
umsonst *čūle ḳīmča*
umwickeln **(ʿṣb)**; umrühren **(ḥrk)**
und *w-;* und nicht/kein *wala*
ungefähr *mett, ōṯ, čaḳrīban, čiḳrīban*
unten *erraʿ*; unter *čuḥč-,* B *ćuḥć-;* unterhalb von *erraʿ m(n)-;* Unterseite *yerka;* unterlassen **(bṭl)**

V

Vater *ōbu*
verbinden **(ʿṣb)**
verbringen (Zeit) **(mḏy)**; (Abend) **(šhr)**
vererben **(xlf)**
Verfahren *mʿamalča*
verfallen (beschädigt) *ʿaṭṭel*
verfolgen **(lḥḳ)**
verkaufen **(zpn)**; Verkauf *zuppōna*
vermieten **(ʾžr)**
vernünftig sein **(fhm)**
verreisen **(sfr)**
versammeln (sich) **(žmʿ)**, B **(ğmʿ)**; Versammlung *ġmōʿča*
verschaffen **(nfḳ)**
verschließen **(skr)**
versehen (mit Proviant) **(zhb)**
versichern (zusichern) **(wkt)**

versöhnen **(ṣlḥ)**
Versorgung *čimwīna*
verstauen **(rnḥ)**
verstecken (sich) **(ṭmr)**
verstehen **(fhm)**
versuchen (kosten) **(ḏwḳ)**
Vertrag *ʿahta*
vertreiben (Zeit) **(sly)**
vervollständigen **(kml)**
Verwandte (pl.) *tiḏō*
verzollen **(xlṣ)**; verzollt werden **(gmrk)**
viel *baḥar, summar*; so viel wie *ḳall*
vier *arpaʿ*, f. *arpʿa;* vierzehn *arpaʿčaʿsar*, f. *arpaʿʿasᵊr*; vierzig *irpiʿ*
Vogel *ṭayra*
Volk *šaʿba*
voll *imᵊl*
von *m(n)-*, Ǧ *m-;* mit Suffixen *menn-*
vor (zeitlich) *iḳḏum;* (räumlich) *ḳomm-*
vorbeigehen **(mrḳ)**
Vorgehensweise *mʿamalča*
Vorteil *xawwōṣa*

W

wachsen **(yrb)**
Waffe *slōḥa*
wann? *emmat?*
warm machen **(šḥn)**
warum *ʿaya, ʿaža,* B *ʿali*
was *mō?*, B/Ǧ *mā?;* was gebt ihr mir? *mō minnayxun?*
Waschmaschine *ġassōlča*
Wasser *mōya*
Weg *tarba,* B *terba*
wegen *ʿayatt-, maxramča l-;* B *miššōn*
wegtragen **(nḳl)**
Wegzehrung geben **(zhb)**
Weibchen *unṯōyṯa*
weil *liʾannu*

Wein *ḥamra*; Weinberg *xarma;* Weintrauben *‘inbō*
weinen **(bxy)**
weiß *ḥuwwar*
weit *ba‘‘eḏ;* weitermachen **(čmm)**
Welt *tunya;* zur Welt bringen **(’ṯy)**
wenig *ḳallel*; ein wenig *ḳalles,* Ğ *ṯōra*
wenn (kond.) *yīb, lōb, iḏa;* (zeitl.) *ḏukkil, ḏukkṯil, ḥīnil*; immer wenn, jedesmal wenn *ukkil mil*
wer M *mōn,* B / Ğ *man;* wer auch immer *mōn mil*, B/Ğ *man mā*
werden **(ṯḳn)**
werfen **(zčč)**, B **(zćć)**
Wert *ḳīmča;* (es ist) wertlos/hat keinen Wert *čūle ḳīmča*
wie *ex(t);* mit Suff. *xwōṯ-,* B *ext wōṯ;* so viel wie *ḳall*
Willkommen! *ahla w-sahla!*
Wind *hwō,* Ğ *hwō(ya)*
Winter *šičwōyṯa,* B *šićwōyṯa*
wir *anaḥ*
wirklich *ḥaḳḳōnay*
wissen **(yḏ‘)**
wo *(h)anik*; (da, wo) *lukkil;* wo auch immer *(h)anik mil*; wohin *lina*
Woche *šoppṯa*
Wohlergehen *xayra*
wohnen **(skn)**
wollen **(b‘y)**, **(rṣy)***;* *batte,* Ğ *bēle*
Wunsch (dein Wunsch wird erfüllt) *apšer ‘aynax*; wünschen **(b‘y)**
wütend werden **(šṭy)**

Z

zehn *e‘sar*, f. *‘asra*
Zeit (vergangene) *zamōna;* Zeit(spanne) *fač^{ə}rṯa,* B *fać^{ə}rṯa*
zerbrechen (tr.) **(čbr)**, B **(ćbr)**
zerquetschen **(m‘ṣ)**
zerstören **(htt)**
zerstreiten (sich) **(xlf)**
ziehen (Schwert) **(šḥṭ)**; (Pistole) **(žbḏ)**
Zimmer *payṯa, wḏ̣ōyṯa*
Zoll *gamārek*

Zorn *zaʿla*
zubinden (**ʿṣb**)
zurechtschneiden, zurechtzimmern (**fṣl**)
zurückbringen (**ržʿ**)
zurückkehren (**ʿwt**), (**ržʿ**)
zurückzahlen (**wfy**)
zusammengewickelt *ilfef*
zusammentragen (**žmʿ**), B (**ğmʿ**)
zusätzlich *ḥaṣṣa*
zusichern (**wkt**)
Zustand *ḥōla*
zustimmen (**rṣy**)
zwanzig *ʿisᵊr, ᵊisri*
zwei (m.f.) *iṯᵊr/ṯarč*, B *iṯṯar/ṯarć*, Ğ *iṯṯer/ṯarč*
Zweig *ḳīsa*
Zwillinge *čawma*, B *ćawma*
zwölf *ṯleʿsar*, f. *ṯarčʿasᵊr*

Grammatisches Register

	Lektion/Abschnitt
Adjektiv	
Elativ	III/4
Schwache Adjektive	VII/2
Typ iKKuK	VI/1, Ǧ: XII/6
Konjunktionen	
waḳč-	V/2
lukkil	X/1
Nomen	
Determination durch Verb	VI/4, Ǧ: XII/1
Femininendung	IV/2
Plural auf *-ōya* (Ǧ)	XI/4
Typ KvKKa	I/3
Unregelmäßige Nomina	
ebra „Sohn“	III/5
emma „Mutter“	II/4
ešma „Name“	VIII/2
ḥōna „Bruder“	III/5
īḏa „Hand“	VIII/2
Pronomen	
Demonstrativpronomen	III/1, Ǧ: XII/2
Fragepronomen	VIII/1
Personalpronomen	I/1, II/1, Ǧ: XI/3, B: XIII/2
Pronominmalsuffixe	
am Nomen	II/3, Ǧ: XI/3, B: XIII/4
an Präpositionen	II/2, Ǧ: XI/3, B: XIII/4
am Präteritum	VI/3, X/3, B: XIII/4, XIV/1
am Präsens	VII/6
am Subjunktiv	VIII/4, X/3
Relativpronomen	III/3

Präpositionen	
ʿa	IV/1
ʿayatt-	V/1
ʿemm-	II/2
b-	IV/1
m-/mn-/mnᵊ-	I/2, II/2
misti	IX/4
l-	IV/1
Präpositionen mit *-il*	III/2
Verbum	
Verbstämme	
II. Stamm	III/6, Ǧ: XII/5
III. Stamm	X/2
IV. Stamm	III/6
I_7-Stamm	VII/4
I_8-Stamm	IX/6
Starkes Verbum	I/4, B: XIII/2, XIII/3
Schwaches Verbum	
Mediae geminatae	X/3, Ǧ: XII/3
Verben I*n*	IX/5
Verben II*w*	V/3, IX/7
Verben II*y*	II/7
Verben III*y*	VI/2, IX/7, Ǧ: XII/3
Unregelmäßige Verben	
allex	VII/3
ayṯ	V/4
batte, Ǧ: *bēle*	II/6, Ǧ: XI/5
ēli	B: XIV/4
iḥḥ	II/8
ḳʿōle	IV/4, Ǧ: XII/4
ōmar	III/7, Ǧ: XI/6
ōṯ, Ǧ: *ōyṯ*	I/4, Ǧ: XII/3
ṯōle	IV/4, Ǧ: XII/4, B: XIV/3
wōb	I/4
wōṯ	VII/5
ẓalle	VIII/3, Ǧ: XII/4, B: XIV/3

Lösungsschlüssel zu den Übungen

Dialekt von Maʿlūla

LEKTION I

1. Hier gibt es Reis.
2. Es gibt einen Weg hier.
3. Es war einer aus Deutschland hier.
4. Du (f) bist aus Deutschland.
5. Es gibt zwei Mauern, hier eine und hier eine.
6. Sie war aus Damaskus.
7. Er nahm Reis und sie nahm nicht.
8. Es kam einer aus Baxʿa vorbei.
9. Du (m) kamst vorbei und du (f) kamst nicht vorbei.

1. *hōxa ōṯ šimša.*
2. *hačxun mirḳičxun.*
3. *la šaḳlinnaḥ ruzya.*
4. *hī wayba m-Baxʿa.*
5. *ana mn-Almānya.*
6. *ōṯ ruzya hōxa.*
7. *ana mirḳiṯ w-hačč la mirḳič.*
8. *ōṯ iṯᵊr tarᵊb, aḥḥaḏ hōxa w-aḥḥaḏ hōxa.*
9. *hū išḳal eḥḏa m-Baxʿa.*

LEKTION II

1. Hier werdet ihr schlafen.
2. Wir werden/wollen auch schlafen.
3. Sie (pl f) wollen Honig von euch nehmen.
4. Seine Mutter ist gestorben.
5. Es gibt einen anderen Weg.

6. Er möchte mir ihr schlafen.
7. Wir sind Mütter und ihr seid Knaben.
8. Einer starb und einer wird leben.
9. Es gibt einen Geizigen unter ihnen.
10. So war dein Weg?
11. Nimm keinen Reis von ihr!

1. *ōṯ tarba lōxa.*
2. *mīṯaṯ emma xett.*
3. *hinn iḏmex ʿimmayhun.*
4. *battaynaḥ nišḳul ḏebša minnayxun.*
5. *hačxun battayxun čiḥḥun xett.*
6. *psōna ipxel.*
7. *la čḏumxun!*
8. *la čišḳul ḏebša minnayhun!*
9. *ōṯ xett ruzya hōxa.*

LEKTION III

1. Es war (einmal) ein Geiziger unter den Geizigen (d. h. ein sehr Geiziger).
2. Er ißt gerade mit seinem Bruder zu Mittag.
3. Er sagte zu ihm: „Er hinterließ zwei Knaben — Zwillinge".
4. Ein anderer starb.
5. Sein Bruder kann ohne ihn nicht leben, er wird sterben.
6. Es gibt kein besseres Essen als unseres.
7. Es gibt keinen längeren Weg als diesen.
8. Sie war bei ihren Verwandten.
9. Wir aßen bei unseren Brüdern zu Mittag.

1. *hū maḳreṭ ġappaynaḥ.*
   hū aḳreṭ ġappaynaḥ.
   hū batte yaḳreṭ ġappaynah.
2. *hī ču mxallfa čawma.*
   hī la xallfaṯ čawma.
   hī ču batta čxallef čawma.
3. *aḥḥaḏ minnayhun mōyeṯ.*
   aḥḥaḏ minnayhun ameṯ.
   aḥḥaḏ minnayhun batte yīmuṯ.

4. *anaḥ nimšattrin slōma.*
   anaḥ šattrinnaḥ slōma.
   anaḥ battaynaḥ nšattar slōma.
5. *bess hū čū maḥref.*
   bess hū la aḥref.
   bess hū čū batte yaḥref.

LEKTION IV

1. Dein Bruder kam mit ihnen.
   ḥōnax t̲ele/ōt̲ ʿimmayhun.
   ḥōnax batte yt̲ēle ʿimmayhun.
2. Sie saß bei seiner Frau.
   hī ḳaʿyōla ġappil eččt̲e.
   hi batta čiḳʿēla ġappil eččt̲e.
3. Sie saßen zwei Stunden im Haus.
   ḳaʿyillun t̲arč šōʿ p-payt̲a.
   battayhun yiḳʿullun t̲arč šōʿ p-payt̲a.
4. Ihr seid gekommen, aber habt euch nicht hingesetzt.
   čōt̲yin/čit̲yillxun bess ču čḳaʿyillxun.
   battayxun čit̲yullxun bess ču battayxun čiḳʿullxun.
5. Wir kamen aus Deutschland und blieben eine Stunde.
   nōt̲yin/nit̲yillaḥ mn-Almānya w-nḳaʿyillaḥ šaʿt̲a.
   battaynaḥ nt̲ēḥ mn-Almānya w-battaynaḥ niḳʿēḥ šaʿt̲a.
6. Ihre Ehefrauen saßen in deinem (f) Haus.
   iččawōt̲un ḳaʿyallen p-payt̲iš.
   iččawōt̲un battayhen yiḳʿallen p-payt̲iš.

1. Es war (einmal) einer, der schlief in seinem Haus.
2. Es kam einer bei ihm vorbei.
3. Es kam einer, grüßte ihn, und dieser erwiderte seinen Gruß.
4. Er sagte zu ihm: „Deine Frau war schwanger“.
5. So habe ich es mir ihr vereinbart (wörtlich: so war mein Vertrag mit ihr).
6. Sie kann nicht zwei stillen.
7. Nach einer Stunde starb der andere.
8. Er starb aus Kummer über seinen Bruder.

LEKTION V

1. *ana batt nīḏuḳ mn-anna xōla.*
2. *amelle: „ḳʿāx aḳreṭ ʿimm“.*
3. *waḳčiṯ ṯill ʿa payṯa ameṯ ib^{ə}r.*
4. *bōṯar šaʿṯa ṯōle aḥḥaḏ ʿurrōbay leʿle.*
5. *ču nmaḳtar niḏmux b-anna payṯa.*
6. *bōṯar mil mīṯaṯ ečč̱te, išḳal eḥḏa ḥrīṯa.*

Der Geizige (von Ḥabīb Fransīs)

1. Es war einmal einer, der war sehr geizig. 2. Er hatte sich hingesetzt und aß gerade zu Mittag. 3. Da kam ein Beduine vorbei. 4. Er grüßte ihn, da erwiderte er seinen Gruß. 5. Er sagte aber nicht zu ihm: „Setz dich und iß mit mir zu Mittag“. 6. Der Beduine sagte zu dem Geizigen: „Als ich hierher kam, ging ich bei deinen Verwandten vorbei“. 7. Er (der Geizige) sagte zu ihm: „Es lag auf deinem Weg“ (wörtlich: so war dein Weg). 8. Er (der Beduine) sagte zu ihm: „Deine Frau war schwanger“. 9. Der Geizige sagte zu ihm: „So habe ich es mit ihr vereinbart“ (wörtlich: so war mein Vertrag mit ihr). 10. Der Beduine sagte zu ihm: „Sie hat zwei Knaben geboren – Zwillinge“. 11. Er (der Geizige) sagte zu ihm: „Wie ihre Mutter“ (wörtlich: so war ihre Mutter). 12. Er (der Beduine) sagte zu ihm: „Aber einer von ihnen starb“. 13. Er (der Geizige) sagte zu ihm: „Weil sie zwei nicht stillen kann, ist einer gestorben“. 14. Er (der Beduine) sagte zu ihm: „Aber nach einer Stunde starb der andere“. 15. Der Geizige sagte zu ihm: „Vor Kummer über seinen Bruder; er konnte ohne ihn nicht leben, da wollte er sterben“. 16. Der Beduine sagte zu ihm: „Aber nachdem deine Söhne gestorben waren, starb ihre Mutter auch“. 17. Er sagte zu ihm: „Ja natürlich, vor Kummer über ihre Söhne mußte sie sterben“. 18. Der Beduine sagte zu ihm: „Es gibt kein besseres Essen als deines“. 19. „Und deswegen wirst du keinen Bissen davon kosten“.

LEKTION VI

1. Es ist einer aus Ǧubbʿadīn, der pflügt mit zwei jungen Rindern.
2. Dieser Ochsenstachel ist krumm.
3. Er kam und brachte zwei junge Rinder und schlachtete das kleinere von ihnen.
4. Der Kleine hörte ihn nicht.
5. Einer aus Ǧubbʿadīn pflügt im bewässerten Garten.

6. Die Wege im bewässerten Garten sind krumm.
7. Du kamst einmal vorbei und ich schlug dich.
8. Als er Honig brachte, nahm sie ihn nicht.
9. Nachdem er in Damaskus gestorben war, brachten sie ihn ins Dorf.
10. Sie brachten seinen Bruder und schickten ihn nach Damaskus.
11. Als wir schliefen, kamen sie aus Baxʿa in unser Haus und luden uns ein.
12. Sie hob (trug) den Ochsenstachel und schlug ihn.

1. *wōb izʿur, waḳčil ameṯ.*
2. *ṭaʿnačče ʿa payṯa.*
3. *aʿzᵊmlaḥlun bess la ṯōlun.*
4. *waḳčil mirḳinnaḥ ġappayhun naxsull ʿakkūša w-anaḥ aḳᵊrṭinnaḥ ʿimmayhun.*
5. *waḳčil irᵊḏ p-šiḳya, ṯōle zʿōra leʿle.*
6. *ayṯ iṯᵊr ʿakkūš w-naxsunnun.*
7. *mirḳaṯ aʿᵊl w-aʿzmičča bess la ṯalla.*
8. *hanna ʿakkūša izʿur, ču maḳtar yirᵊḏ aʿle.*
9. *waḳčil mīṯaṯ emmun, šaḳlull zuʿrō l-ġappil ḥōna.*
10. *miḥnil zʿōra w-hanna ayṯnil ḥōne.*
11. *šatᵊrlaḥlax slōma, bess hačč la aḥᵊrfič aʿle.*
12. *hū aʿzmi waḳčil mirḳiṯ aʿle.*
13. *ṯinnaḥ bōṯar šaʿṯa liʾannu aʿzmunnaḥ.*

LEKTION VII

1. Dieser Junge ist groß.
2. Der große Junge kam.
3. Er muß aus Damaskus kommen.
4. Wenn er geschlafen hätte, wäre er nicht gekommen.
5. Er bringt ihr Reis und sie nimmt ihn mit nach Hause.
6. Sie schicken dich nach Damaskus.
7. Sie antwortet ihm nicht.
8. Sie kann nicht gehen, deswegen tragen sie sie nach Hause.
9. Sie stillt ihn gerade.
10. Wir gingen eine Stunde von Maʿlūla nach Baxʿa.

1. *aḥḥaḏ wōb rabb w-aḥḥaḏ wōb iẓʿur.*
2. *ebra rappa allex ʿa Ḏemseḳ.*
3. *rappa maḥēle.*
4. *ayṯ/išḳal iṯ^{ə}r ṯawr w-ir^{ə}ḏ ʿlayhun.*
5. *ču nmaḥ^{ə}rfin ʿlayhun.*
6. *mšattrillxun xōla.*
7. *min^{ə}žbar yallex ʿemme ʿa Baxʿa.*
8. *ʿaya ču čmaḥyillen.*
9. *yīb rappa allex, min^{ə}žbar zʿōra yallex ʿemme.*
10. *ebra zʿōra iḏmex w-hī ʿamṭaʿnōle ʿa payṯa.*

Die krumme Furche (von Meḥsin Qamar)

1. Es war einmal einer aus Ǧubbʿadīn, der pflügte mit zwei jungen Stieren; einer war groß und einer war klein. 2. Da drängte der Große den Kleinen zur Seite, (so daß) dadurch die Furche krumm wurde. 3. Da ergriff er den Ochsenstachel und schlug den Großen. 4. Da kam sein Freund und sagte zu ihm: „Warum schlägst du den Großen? – der Kleine ist es, der nicht läuft“. 5. Er sagte zu ihm: „Die krumme Furche (kommt) vom großen Stier, nicht vom kleinen. 6. Wenn der Große richtig laufen würde, müßte der Kleine mit ihm laufen“.

LEKTION VIII

1. Wer von euch geht und bringt Reis?
2. Früher, vor dem großen Krieg (2. Weltkrieg), gab es Hyänen bei uns.
3. In den bewässerten Gärten des Dorfes sah er die Hyäne.
4. Männer und Jünglinge gingen zum abendlichen Beisammensein zu einem angesehenen Mann im Dorf.
5. Er muß zum Bürgermeister von Baxʿa gehen.
6. Er konnte nicht gehen, deswegen legte er sich auf die Erde.
7. Er grub ein Loch in die Erde in dieser Nacht.
8. Er will ihn nicht ins Dorf tragen.
9. Er ging nach Damaskus um sie (pl m) zu sehen.
10. Als die Hyäne kam um ihn zu beißen, stach er sie mit der Ahle.
11. Sie kamen und brachten zwei junge Rinder, um sie zu schlachten.
12. Einer unter ihnen stand auf und sagte zu ihnen: „Wer von euch geht und bringt eine Hyäne in dieser Nacht und kommt?“

1. *iḳḏum mn-ešna naxče ḏ̣abʿa b-īḏe.*
2. *ġabᵊrnō w-šappō ti blōta (šappōylᵊ blōta) zallun ʿa šahᵊrṯa ġappis sōba ti blota (sōblᵊ blōta).*
3. *waḳčil ayṯull ḏ̣abʿa ʿa Maʿlūla, ṯalla ommṯa čiḥmenne.*
4. *la aḳtar ḏ̣abʿa ynuxčenna, liʾannu hī lakšačče m-maḥzaḳḳa.*
5. *mannu minnayxun išḳal ḥilwōna?*
6. *zlinnaḥ ʿa arʿawōṯaḥ nirḏennen.*

LEKTION IX

1. *p-šičwōyṯa zlillun ġabᵊrnōylᵊ blōta l-ġappis sōba yičsallun p-šahᵊrṯa.*
2. *b-ōš šičwōyṯa ṯōlun ḏ̣abʿō bil-lēlya ʿa misti blōta.*
3. *bōṯar hōš šičwōyṯa inḥeč ʿa šiḳya ti blota. ġappe arʿa summōr minᵊžbar yirḏenna.*

Die Hyäne (von Yḥanne Barkīla) Teil 1

1. Früher, vor dem großen Krieg (2. Weltkrieg), vor etwa sechzig, siebzig Jahren, versammelten sich die Männer und Jünglinge des Dorfes bei einem angesehenen Mann, oder beim Bürgermeister oder einer bekannten Persönlichkeit. 2. Sie versammelten sich in diesem Winter bei ihm, um sich die Zeit zu vertreiben. 3. Und als sie sich in diesem Haus versammelt hatten, stand einer unter ihnen auf und sagte zu ihnen: „Wer von euch geht und bringt eine Hyäne in dieser Nacht und kommt (zurück)?“ 4. Einer namens Xumam fühlte sich angesprochen und sagte zu ihnen: „Ich gehe, bringe sie und komme (zurück)“. Sie sagten zu ihm: „Geh!“ 5. Er nahm zwei Ahlen mit sich. Und früher, in alter Zeit, kamen viele Hyänen zu uns (ins Dorf). Sie kamen mitten ins Dorf. 6. Er (Xumam) ging hinunter in die bewässerten Gärten des Dorfes, sah die Hyäne und die Hyäne sah ihn.

LEKTION X

1. *waḳčil ḥimne ḏ̣abʿa, naxče b-īḏe.*
2. *irxeb w-ʿōwet ʿa payṯe.*
3. *ana ču nimʿōwet ʿa payṯa ġēr čappull ḥilwōna.*
4. *ommṯa lammulle/lammalle ḳiršō w-applulle/applalle.*
5. *ʿōwet ʿa payṯa lukkil šhīrin/šhīra ommṯa m-manzūla.*

6. *wak̭čil mirk̭innaḥ ġappayhun, naxsull ʿakkūša w-applullaḥ w-šak̭lull k̭iršō minnaynaḥ.*
7. *wak̭čil naxče ḏabʿa, batte yṭuʿnenne ʿa ḥaṣṣe ʿa payṯa, bess la ak̭tar.*
8. *orḥa b-ešna mižčamʿin ġabᵊrnōylᵊ blōta ġappis sōba yiḥmunne w-ysallmun aʿle.*

Die Hyäne (von Yḥanne Barkīla) Teil 2

7. Als die Hyäne ihn sah, grub er ein Loch in die Erde und legte sich auf die Erde. 8. Als die Hyäne kam, um ihn wegzutragen, und ihn gerade hochheben wollte, sprang er auf ihren Rücken (sprang er und kam auf ihren Rücken). 9. Als er auf ihren Rücken kam, die Ahlen in seiner Hand, drehte sie sich, um ihn auf dieser Seite zu beißen, da stach er sie mit der Ahle. Sie drehte sich, um ihn auf der anderen Seite zu beißen, da stach er sie (dort) mit der Ahle. 10. So ritt er und kehrte mit ihr zum Dorf zurück in das Haus, in dem die Leute im Salon den Abend gesellig verbrachten. Er kam also. 11. Zu diesen, die in der Abendgesellschaft saßen, sagte derjenige, der die Hyäne brachte: „Ich bringe sie nicht von hier hinaus, wenn ihr mir nicht etwas Trinkgeld gebt". 12. Da fühlte sich die Versammlung angesprochen. Sie sammelten Geld und gaben es ihm. 13. Er kehrte zurück, brachte die Hyäne zurück, brachte sie bis zum Dorfplatz und jagte sie (aus dem Dorf) hinaus.

Dialekt von Ǧubbʿadīn

LEKTION XI

1. Ich nahm ein Fernglas mit, und nahm ein Gewehr mit und ging in die Steppe.
2. Sie ergriff einen Ochstachel und schlug sie (pl m).
3. Eines Tages machte ich mich auf und ging in die Weinberge.
4. An diesem Tag sah ich Hyänen in der Steppe, da tötete ich sie.
5. Ihr habt in eurem Haus geschlafen.
6. Sie gingen von Tawwāne nach Ǧubbʿadīn.
7. Er will sie (pl m) nicht ins Dorf tragen.
8. Ich möchte hier schlafen.

1. *anaḥ nimšattrīl ʿa Čawwōne.*
2. *uḳci ḏimxaṯ berčah, ṭaʿnunna ʿa bayṯa.*
3. *zāl ʿa Ḏemseḳ yiḥmūn.*
4. *uḳči mirḳinnaḥ ġappāy, zāl ʿa xarmūya.*
5. *ana nifḳiṯ m-bayṯah w-rixpiṯ ʿa lanna motayr.*
6. *zlillay liʿlāy w-ḳaṯlīč.*
7. *ana bīlay nirᵊḏēn/nirḏennil arʿay.*
8. *bēl yaḳᵊrṭun ġappāy.*

LEKTION XII

1. *ana aṯiṯ ʿrōba ʿa bayṯa.*
2. *ana išwiṯ fašᵊčṯa b-buntḳōyṯa w-ḳáwwasiṯ.*
3. *ana arᵊnḥičči lann ġarḏō čuḥči lanna lūza w-iḳʿiṯ.*
4. *ōṯin ʿṣofra m-Čawwōne w-(ʿam)rōḏin.*
5. *iḥmay ḥūya uččum w-zalle yayṯēn buntḳōyṯe.*
6. *rḏō hōḏ arʿa w-ṯō.*
7. *aṯun m-Ḏemseḳ yuspūn.*
8. *čūyṯ ḏoččṯa hōxa niḳᵊʿ.*
9. *ōyṯ ḥuyōya p-xarmūya. ʿṣofra baččar bēl yīzun yḳuṭlūn.*

Die Schlange (von Mḥammad Ḥusayn ʿĪsa)

1. Eines Tages saß ich allein zu Hause, da sagte ich (zu mir): Mach dich auf und geh, verbring deine Zeit in der Steppe, das ist besser, als wenn du zu Hause herumsitzt. 2. Ich machte mich auf, verstaute das Essen auf dem Motorrad und nahm ein Gewehr mit und nahm ein Fernglas mit. 3. Und ich ging frische Luft (wörtlich: Wind) schnuppern in der Steppe. Ich bestieg das Motorrad und verließ das Haus. 4. Ich ging in die Weinberge, in ein Gebiet von Ǧubbʿadīn, das „Weinberge“ heißt, nahe beim Land von Tawwāne. 5. Ich war so dahingegangen und schnupperte frische Luft, bis ich in diesem Gebiet ankam. 6. Es gibt einen Ort, an dem hielt ich an. Ein schöner Ort, an dem es Disteln und Mandelbäume gibt. 7. Ich legte die Sachen unter den Mandelbaum und setzte mich nieder. 8. Und als ich mich hingesetzt hatte, da sah ich plötzlich eine Schlange von diesen großen, die kam an dem Platz vorbei, an dem ich saß; sie war schwarz und ihre Länge ungefähr drei Meter. 9. Ich hatte mein Gewehr dabei und legte eine Patrone in dieses Gewehr. 10. Als ich die Patrone in das Gewehr legte, da entfernte sich doch die Schlange sehr, d. h. sie war

ungefähr dreißig Meter von mir entfernt. 11. Da – sie blieb noch sichtbar für mich - schoß ich auf sie und tötete sie. 12. Ich ging zu ihr, um sie zu holen. 13. Ich war zu ihr gegangen um sie zu holen, da sah ich plötzlich eine andere, schätzungsweise genauso wie diese. Es waren ein Männchen und ein Weibchen, die miteinander lebten (wörtlich: saßen). 14. Sie war noch zusammengerollt. Langsam, langsam öffnete sie sich. 15. Da entfernte ich mich von ihr und legte eine andere Patrone in das Gewehr und schoß auf sie und tötete sie auch. 16. Da ging ich zur ersten, holte sie und kam wieder zu dieser. 17. Ich breitete sie beide auf der Erde aus und setzte mich und schnupperte die frische Luft bis zum Abend. 18. Am Abend kam ich nach Haus, und am nächsten Tag, früh am Morgen, ging ich zu ihnen - aber ich fand überhaupt keine Spur mehr von ihnen. 19. In dieser Zeit kamen die Vögel und hatten sie gefressen.

Dialekt von Baxʿa

LEKTION XIII

1. Dieser Scheich herrscht über einen großen Stamm.
2. Seine Frau und dieser Sklave schliefen im selben Bett.
3. Sie gingen zur Jagd in die Steppe, um Rehe zu jagen.
4. Er ritt nach Hause zurück.
5. An diesem Tag kamen Männer aus Maʿlūla und schliefen bei euch.
6. Er sagte zu ihm: „Ich will nicht schreiben“.
7. Diese Männer zogen in den Krieg, und in diesem Krieg starb einer von ihnen.

1. *ġappi ʿapta, ḳáhwağay ġappi.*
2. *id̠max b-barrīya w-t̠ēn yōma irxap w-ʿōwet ʿa payt̠a.*
3. *mā mišwin iććawōt̠a b-Baxʿa b-anna yōma?*
4. *battiš šud̠mux b-ōd̠ farᵊšt̠a?*
5. *b-anna yōma ʿōwet aḥḥad̠ minnēn ʿa payt̠i.*

LEKTION XIV

1. *amerᵊl eććṯi: „zahhiblaḥ, battaḥ nzēḥ ʿa sayta, ʿa barrīya“!*
2. *šaḥṭis sayfa w-ḳaṣṣlēli rayši.*
3. *īl payṯa w-arʿa b-Baxʿa.*
4. *ḏmux banna payṯa ći līl.*
5. *ḳṭol hanna ʿapta b-barrīya.*
6. *waḳćilli ʿōwet, iḥᵊmni w-ḳaṭᵊnni.*

Die untreue Gattin des Scheichs (von Ḥusayn Fiḏḏa)

1. Es war (einmal) ein Beduinenscheich. Dieser Scheich herrschte über einen großen Stamm und nahm eine (Frau). 2. Er hatte einen Sklaven. Dieser Sklave war Kaffeekoch bei ihm. 3. Dieser (Scheich) kam eines Tages und sagte zu seiner Frau: „Pack uns Proviant ein, wir wollen zur Jagd in die Steppe gehen, um Gazellen zu jagen!“ 4. Und zu den Männern sagte der Scheich: „Wir wollen zur Jagd gehen“. 5. Er ging. Am ersten Tag schlief er in der Steppe. 6. Am nächsten Tag ritt er in der Nacht in sein Haus zurück, weil er sehen wollte, was seine Frau und dieser Sklave machen. 7. Er kam und fand seine Frau und den Sklaven im selben Bett schlafend. 8. Er sagte aber nichts, (sondern) der Scheich kehrte zurück. 9. Er beendete den Jagdausflug und kehrte mit den Männern, die bei ihm waren, zurück. 10. Als er zurückkam, sagte er zu seiner Frau: „Schau, was dir gehört in diesem Haus, von dem du sagst, es gehört dir, sammle es ein und nimm es mit!“ 11. Sie sagte zu ihm „Warum?“ Er sagte zu ihr: „Deshalb. Jetzt gehst du zu deinen Angehörigen. Wen ich dir auch schicke, kehr nicht zurück, und wenn du zurückkehrst, schlage ich dir den Kopf ab“. 12. Da kehrte sie zu ihren Angehörigen zurück, und er begann ihr Leute zu schicken. 13. Sie wollte nicht zurückkehren. Danach verstieß er sie. 14. Als er sie verstieß, ging sie und nahm einen anderen. Als sie einen anderen nahm, gab er seine Gewohnheiten nicht auf. 15. Sie ging und liebte zusätzlich zu dem, den sie geheiratet hatte, den Neuen. 16. Da ging er zu ihr hinauf, zog das Schwert, schlug zu und trennte ihr den Kopf ab. Ja, und das war's.

Text 1 aus Maʿlūla

Die drei Brüder und die Hexe (von Žuryes Fransīs)

1. Es war einmal einer, der hinterließ drei Söhne. 2. Und diesen Söhnen starb der Vater und starb die Mutter. 3. Der Vater liebte den Kleinen und sagte zu ihm: „Dieses Messer ist für dich, mein Sohn“ (umgekehrte Anrede!). 4. Da sagte der Große (Bruder) zu ihnen: „Macht euch auf, wir wollen Brennholz sammeln gehen, damit wir uns einheizen können!“ 5. Sie machten sich alle drei auf und gingen hinaus. 6. Dieser Kleine trug das kleine Messer. 7. Als sie in das Ödland hinaufgestiegen waren, trafen sie eine (Frau, die sagte:) „Herzlich willkommen, ich bin eure Tante. Herzlich willkommen den Liebsten eurer Tante“. 8. „Ich bin eure Tante. Bitte laßt mich euch mitnehmen zu mir, damit ich euch Essen mache, euch einheize und euch sättige.“ 9. Da gingen die Armen mit ihr. 10. Sie waren (ein Stück) gegangen, da bog sie vom Weg ab. 11. Der Kleine aber begann, sobald sie vom Weg abwich, Steinhaufen zu bauen. 12. Jedesmal, wenn sie sich ein Stückchen entfernte, schaute er und machte einen Steinhaufen, bis sie ihr Haus erreichte. 13. Als sie ihr Haus erreichte, schaute der Kleine, und da war ihr Haus angefüllt mit Knochen und Lumpen und ein großes Durcheinander. 14. Er sagte zu seinen Brüdern: „Oh ihr Armen, das ist eine Hexe; jetzt wird sie uns fressen. Sie hat sich als unsere Tante ausgegeben. Jetzt wird sie uns fressen“. 15. Da begannen jene zu weinen. Er sagte zu ihnen: „Fürchtet euch nicht! Ich habe dieses Messer dabei. Wenn sie sich nähert, werde ich ihr das Auge ausstechen.“ 16. Sie kam, baute vor ihnen mit dieser… Steine und sagte zu ihnen: „Setzt euch hier!“ 17. Der Kleine sagte zu ihr: „Wohin gehst du? Ich möchte essen“. 18. Sie sagte zu ihm: „Was möchtest du essen?“ 19. Er sagte zu ihr: „Ich möchte ein Schaf. Bring mir ein Schaf, und wir machen gegrilltes Fleisch, um zu essen“. 20. Sie sagte zu ihm: „Dein Wunsch ist mir Befehl“. 21. Die Hexe schaute sich um, aber die Herde war weit weg. 22. Da ging die Hexe hinauf, um das Schaf zu holen. 23. Er zerstörte diesen… Gemäuer, das die Hexe vor ihnen aufgebaut hatte, und sagte zu seinen Brüdern: „Los Brüder, lauft was ihr könnt!“ 24. „Mensch, es ist dunkler Abend geworden, wir sehen überhaupt nichts mehr“. 25. Er sagte zu ihnen: „Wir sehen. Folgt mir nach, (sonst) frißt euch jetzt die Hexe“. 26. Er begann den Weg der Steinhaufen entlangzugehen, die er gebaut hatte, bis sie zum richtigen Weg kamen. Er sagte zu ihnen: „Jetzt braucht ihr euch nicht mehr zu fürchten“. 27. Sie stiegen hinab und blieben in ihrem Haus.

28. Am nächsten Tag sagte er zu ihnen: „Was gebt ihr mir, wenn ich gehe und das Bett der Hexe bringe? Hundertprozentig ist Geld darin". 29. „Oh Bruder, ändere (deine Absicht), laß davon ab, Gott sei dir gnädig". 30. Er sagte zu ihnen: „Auf jeden Fall (gehe ich)". Er nahm das Messer und ging. 31. Er schaute herum – sie war nicht da. Er hatte Nadeln mitgenommen und begann sie in das Bett zu stecken, diese großen und kleinen Nadeln, und machte ihr das Bett und versteckte sich in der Ecke. 32. Sie kam herein, um in dem Bett zu schlafen, da begannen sie diese zu stechen. 33. Oh weh, sie ergriff (das Bett) und warf es hinaus. Der Kleine nahm es und auf gings. 34. Er kam damit zu seinen Brüdern gerannt und sagte zu ihnen: „Habt ihr gesehen, ich habe das Bett der Hexe gebracht". 35. „Mensch, wie hast du das gemacht?" Er sagte zu ihnen: „So habe ich es gemacht. Ich machte ihr Nadeln hinein, damit sie es hinauswirft. Und morgen werde ich hinaufgehen und die Hexe holen".

36. Er kam und schnitt zwei große Kisten zurecht und machte zwei große Spiegel hinein, lud sie auf einen Esel und stieg hinauf. 37. Er traf sie: „Herzlich willkommen, meine liebe Tante, herzlich willkommen, meine liebe Tante". 38. Er sagte zu ihr: „Schau, was es hier gibt, was ich dir gebracht habe!" 39. Sie kam, beugte sich hinein und schaute, was es in der Kiste gibt, da packte er sie an ihren Füßen und warf sie in die Kiste, verschloß sie über ihr und lud sie auf und brachte sie. 40. Er kam ins Dorf und rief: „Ich habe die Hexe gebracht! Wer noch bei ihr Rache zu nehmen hat – sie pflegte, wo immer sie ein Kind sah, es mitzunehmen und zu essen – wer noch bei ihr Rache zu nehmen hat, soll kommen". 41. Da kamen alle Dorfbewohner heraus und begannen, Holz zu schlagen, und sammelten vier, fünf Fuhren Gestrüpp und legten daran Feuer und brachten diese Kiste, in der die Hexe war, und warfen sie in dieses Feuer. 42. Jetzt waren sie sie los (wörtlich: sie ruhten sich von ihr aus). Und wie war sein Name? Nuṣṣ Nṣēṣ. Sie begannen ihn, der so tüchtig war, Nuṣṣ Nṣēṣ zu rufen, der uns von der Hexe erlöst hat. Das war's.

Weiterführende Literatur zum Neuwestaramäischen

ARNOLD, WERNER:

Lehrbuch des Neuwestaramäischen (= Semitica Viva: Series Didactica; Band 1), Wiesbaden 1989.

Das Neuwestaramäische. I. Texte aus Baxʿa (= Semitica Viva; Bd. 4/I), Wiesbaden 1989.

Das Neuwestaramäische. II. Texte aus Ǧubbʿadīn (= Semitica Viva; Bd. 4/II), Wiesbaden 1990.

Das Neuwestaramäische. III. Volkskundliche Texte aus Maʿlūla (= Semitica Viva; Bd. 4/III), Wiesbaden 1991.

Das Neuwestaramäische. IV. Orale Literatur aus Maʿlūla (= Semitica Viva; Bd. 4/IV), Wiesbaden 1991.

Das Neuwestaramäische. V. Grammatik (= Semitica Viva; Bd. 4/V), Wiesbaden 1990.

Aramäische Märchen (Die Märchen der Weltliteratur) Diederichs, München 1994.

Al-Luġa al-ārāmiyya al-ḥadīṯa. Luġat Maʿlūla, Baxʿa wa-Ǧubbʿadīn. In: Maǧallat buḥūṯ ǧāmiʿat Ḥalab. Silsilat al-adab wal-ʿulūm al-insāniyya (Research Journal of Aleppo University. Arts and Humanities Series), Bd. 16, 1989.

New Materials on Western Neo-Aramaic. In: Studies in Neo-Aramaic. Ed. by Wolfhart Heinrichs (= Havard Semitic Studies 36), Atlanta 1990.

Neuwestaramäische Briefe. In: Mediterranean Language Review, Band 9, Wiesbaden 1995-97.

Das Verbum im Neuwestaramäischen. In: Tempus und Aspekt in den semitischen Sprachen. Jenaer Kolloquium zur semitischen Sprachwissenschaft. Hrsgg. von Norbert Nebes (= Jenaer Beiträge zum Vorderen Orient Bd. 1), Wiesbaden 1999.

The Arabic Dialects in the Turkish Province of Hatay and the Aramaic Dialects in the Syrian Mountains of Qalamun: two Minority Languages Compared. In: Arabic as a Minority Language. Ed. by Jonathan Owens; Berlin, New York 2000.

Volksglaube bei den Aramäern in Maʿlūla. In: Orientalische Christen zwischen Repression und Migration. Beiträge zur jüngeren Geschichte und Gegenwartslage. Herausgegeben von Martin Tamcke (= Studien zur Orientalischen Kirchengeschichte Bd. 13), Hamburg 2001.

Neue Lieder aus Maʿlūla. In: „Sprich doch mit deinen Knechten aramäisch, wir verstehen es!“ 60 Beiträge zur Semitistik. Festschrift für Otto Jastrow zum 60. Geburtstag. Wiesbaden 2002.

Zur Geschichte der arabischen Lehnwörter im Neuwestaramäischen. In: Neue Beiträge zur Semitistik. Erstes Arbeitstreffen der Arbeitsgemeinschaft Semitistik in der Deutschen Morgenländischen Gesellschaft vom 11. bis 13. September 2000 an der Friedrich-Schiller-Universität Jena. Hrsgg. von Norbert Nebes (= Jenaer Beiträge zum Vorderen Orient Bd. 5), Wiesbaden 2002

Arnold, Werner und Peter Behnstedt:

Arabisch-Aramäische Sprachbeziehungen im Qalamūn (Syrien). Eine dialektgeographische Untersuchung mit einer wirtschafts- und sozialgeographischen Einführung von Anton Escher (= Semitica Viva; Bd. 8), Wiesbaden 1993.

Arnold, Werner / Escher, Anton / Pfaffenbach, Carmella:

Malula und Mʿallōy. Erzählungen aus einem syrischen Dorf (= Bibliotheca Academica, Reihe Orientalistik, Bd. 9), Würzburg 2004.

Bergsträsser, Gotthelf:

Neuaramäische Märchen und andere Texte aus Maʿlūla hauptsächlich aus der Sammlung E. Pryms und A. Socins (= Abhandlungen für die Kunde des Morgenlandes 13,2 und13,3) Wiesbaden 1915 (Reprint 1966).

Neue Texte im aramäischen Dialekt von Maʿlūla. In: Zeitschrift für Assyriologie 32, 1918.

Glossar des neuaramäischen Dialekts von Maʿlūla (= Abhandlungen für die Kunde des Morgenlandes 15, 4) Wiesbaden 1921.

Einführung in die semitischen Sprachen. Sprachproben und grammatische Skizzen. München 1928 (Maʿlūla S. 80).

Phonogramme im neuaramäischen Dialekt von Maʿlūla. Satzdruck und Satzmelodie. Sitzungsberichte der Bayerischen Akademie der Wissenschaften, phil.-hist. Abt. Jg. 1931/23,7), 1933.

Bliss, F. J.:

Maʿlūla and its Dialects. In: Palestine Exploration Fund, Quart. Stat. 1890.

Cantarino, Vicente:

Der neuaramäische Dialekt von Ǧubb ʿAdīn (Texte und Übersetzung). Chapel Hill, N.C. 1961.

Cohen, David:

Sur le systéme verbal du néo-araméen de Maʿlūla. In: Journal of Semitic Studies 24, 1979.

Correll, Christoph:

Materialien zur Kenntnis des neuaramäischen Dialekts von Baḫʿa. München (Dissertation) 1969.

Ein Vorschlag zur Erklärung der Negation *čū (ćū)* in den neuwestaramäischen Dialekten des Antilibanon. In: Zeitschrift der Deutschen Morgenländischen Gesellschaft Bd. 124, 1974.

Untersuchungen zur Syntax der neuwestaramäischen Dialekte des Antilibanon (= Abhandlungen für die Kunde des Morgenlandes 44, 4) Wiesbaden 1978.

Zur Geschichte des l-Infixes im Neuwestaramäischen (NWA). In. Zeitschrift der Deutschen Morgenländischen Gesellschaft Bd. 143, 1993.

DUVAL, RUBENS:

Notice sur le dialecte de Maalula. In: Journal Asiatique, Paris 7e sér., t. 13, 1879.

FASSBERG, STEVEN E.

A Contribution of Western Neo-Aramaic to Aramaic Lexicography: RHṬ/RWṬ and RḤʿ. In: Journal of Semitic Studies XLV/2 Autumn 2000.

The 1st Sg Suffix *-ay* in Western Neo-Aramaic: A Historical Perspective. In: Orientalia Bd. 70, 2001.

FERRETTE, J.:

On a Neo-Syriac Language still spoken in the Anti-Libanon. In: Journal of the Royal Asiatic Society, London 1863.

NÖLDEKE, THEODOR:

Beiträge zur Kenntnisse aramäischer Dialekte I. In: Zeitschrift der Deutschen Morgenländischen Gesellschaft Bd. 21, 1868.

Texte im aramäischen Dialekt von Maalula. In: Zeitschrift für Assyriologie 31, 1917-18.

PARISOT, JEAN:

Le dialecte de Maalula. In Journal Asiatique, Paris 9e sér., t.11, 1898.

Le dialecte néo-syriaque de Bakha et Djubʿadin. In Journal Asiatique, Paris 9e sér., t. 19, 1902.

REICH, S.:

Etudes sur les villages araméens de l'Anti-Liban. Documents d'Etudes Orientales, t. 7. Damas: Institut Francais, 1937.

ROSENTHAL, FRANZ:

Die aramaistische Forschung seit Th. Nöldekes Veröffentlichungen. Leiden 1939 (Maʿlūla/ Neujungaramäisch S. 160-172)

Spitalers Grammatik des neuaramäischen Dialekts von Maʿlūla. Orientalia 8, 1939.

An Aramaic Handbook. Porta Linguarum Orientalum, N.S.10. Wiesbaden 1967 (Maʿlūla Part II/1 S. 62-68, Part II/2 S. 82-96).

SPITALER, ANTON:

Grammatik des neuaramäischen Dialekts von Maʿlūla (Antilibanon).(= Abhandlungen für die Kunde des Morgenlandes 23,1) Wiesbaden 1938 (Reprint 1966)

Neue Materialien zum neuaramäischen Dialekt von Maʿlūla. In: Zeitschrift der Deutschen Morgenländischen Gesellschaft Bd. 107, 1957.

Wiederherstellung von scheinbaren alten vortonigen Längen unter dem Akzent im Neuaramäischen und Arabischen. In: Festschrift für Wilhelm Eilers, ed. G. Wiessner. Wiesbaden 1967.